Inhaltsverzeichnis

Hippie, das Eichhörnchen 6
Harry, der Hase 14
Purzel und seine Freundin 22
Das schüchterne Pony 30

Anna und ihr Pony...
...werden Freunde 38
...wollen zum Zirkus 46
...gehen auf Wanderschaft 54
...suchen den Piratenschatz 62

Popp, der kleine Drache
Die abenteuerliche Floßfahrt 70
Das Geschenk 78
Eine dicke Freundschaft 86
Abenteuer im Regenwald 94

Bobby Biber
Ein Sommermorgen 102
Reparatur am Biberbau 110
In der Falle 118
Das Wettschwimmen 126

Dudu
Dudu und das Püppchen 134
Wuffi und die drei Forellen 142

Die Igelfamilie 150

Die allerliebsten Tiergeschichten

Bilder von Georgina Hargreaves,
Hildrun Covi, Wolfgang Looskyll, Lilo Busch, Angelika Pechtl

Geschichten von Karin Weber, Mario Covi,
Wolfgang Looskyll, Gerda Bereit

Neue Textfassung von Karin Weber

Zusammengestellt von Christiane Kuhn

FAVORIT-VERLAG · RASTATT

Hippie, das Eichhörnchen

Hippie war ein kleines fröhliches Eichhörnchen, das mit seiner Mutter in einer alten knorrigen Eiche wohnte. Sie lebten da natürlich nicht alleine, sondern zusammen mit vielen weiteren Waldtieren wie Käuzchen, Spechten, Käfern und anderen.
Auf dem Baum war immer etwas los. Riesengroß war er und bot Hippie genügend Gelegenheit, in den vielen Ästen seine Kletterkünste zu erproben. Keines von den anderen Jungtieren konnte so flink den Stamm hin-

auf- und hinunterklettern wie Hippie. Höchstens der Kleiber, ein netter kleiner Vogel, der als einziger kopfüber die Baumstämme hinabläuft. Und von Ast zu Ast hüpfte Hippie so schnell, daß man seinem huschenden Schatten kaum mit den Augen folgen konnte.

Eines Tages spielte Hippie allein zu Hause, während seine Mutter eine Nachbarin besuchte. Es war nicht das erste Mal, denn Hippies Mutter war beliebt bei allen und blieb öfter auf einen kleinen Tratsch. Doch langsam wurde er ungeduldig, als sie gar so lange fort blieb. Das war noch nie vorgekommen, und das junge Eichhörnchen machte sich allmählich Sorgen.

Hippie wartete die ganze Nacht. Doch als die Mutter am nächsten Morgen immer noch nicht zurückgekehrt war, ahnte er, daß ihr etwas passiert war. Schließlich gab es auch genügend Räuber im Wald, die einem kleinen, nichtsahnenden Eichhörnchen zu gerne auflauerten. Der Fuchs zum Beispiel, der Marder und auch der blitzschnell herabstoßende Habicht. Vielleicht hatte Mama sich ja auch nur gründlich verlaufen, wer weiß ...

Hippie weinte stundenlang und war sehr traurig. Er hatte doch seine Mama so lieb. Wahrscheinlich würde er nie erfahren, was wirklich geschehen war.

Hippie verkroch sich in sein Bett und ging tagelang nicht aus dem Haus. Nachdem er jedoch den Kühlschrank leergegessen hatte und sein Magen knurrte, überlegte er, was ihn seine Mutter gelehrt hatte. Bestimmt hätte sie nicht gewollt, daß er einfach dasaß und vielleicht verhungerte. Sie selbst war immer so tapfer und zuversichtlich gewesen.

„Ich muß etwas zum Essen suchen", dachte Hippie. Er war ja schon fast erwachsen. „Mama hat mich oft genug beim Sammeln mitgenommen. Sonst würde ich sie irgendwie enttäuschen. Ich werde schon etwas Nahrhaftes auftreiben."

Er erinnerte sich an die Brombeerhecke, die ihm die Mutter im Sommer gezeigt hatte. Hippie nahm den Korb und zog los. Dabei schaute er immer vorsichtig rechts und links, denn er war nun doch etwas mißtrauisch geworden. Ihn sollten die Räuber nicht gleich bei seinem ersten Ausflug allein erwischen.

Der Strauch hing voll reifer Beeren, und Hippie futterte erst mal, bis sein Bauch kugelrund war. Von seiner Mutter wußte er auch, daß man jetzt im Herbst einen Wintervorrat an Essen anlegen mußte. Eigentlich hatten sie noch diese Woche damit beginnen wollen. So auf sich allein gestellt, mußte er sich nun dranhalten.

Er fing sofort mit der Arbeit an, denn für ihn alleine blieb nicht mehr viel Zeit. Die anderen Waldtiere freuten sich, daß Hippie wieder aus dem Haus ging, aber sie bemerkten auch, daß er volle Taschen schleppte und nie fröhlich lachte, wie er es früher immer getan hatte.

Deshalb setzten sie sich zusammen und hielten Kriegsrat.

„Vielleicht fühlt sich Hippie einsam?" meinte Pieps, die Maus.

„Ganz bestimmt", sagte der alte Igel. „Wir müssen uns um ihn kümmern! Hippie hat keine Zeit mehr zum Spielen und Lachen, weil er noch nicht genügend Vorräte für den Winter gesammelt hat."

„Ja, denn schließlich ist es auch sein erster Winter!" zwitscherte eins der Vögelchen.

„Wir wollen ihm helfen!" beschlossen alle Tiere aus Hippies Nachbarschaft gemeinsam. Und sie erwiesen sich als echte Freunde, die kräftig zupackten. Pieps suchte sich sogar einen langen Stock, mit dem sie doppelt so viele Früchte tragen konnte.

Es machte ihr großen Spaß, Hippie helfen zu können. Irgendwie waren sie ja sogar entfernte Verwandte. Ach, es war eine Freude, den Tieren beim Beerenpflücken und Eichelnsammeln zuzusehen.

Am meisten freute sich aber Hippie, der nun wieder fröhlich herumhüpfte und sogar wieder Spaß am Klettern hatte. Er war überglücklich über die Hilfe seiner Freunde. Es machte ihm gar nichts aus, doppelt so viele Körbe heimzuschleppen wie die anderen. Schließlich hatte er ja auch schnellere Beine. Außerdem war al-

les besser als die Aussicht, im Winter Hunger leiden zu müssen! Manchmal arbeiteten die Freunde bis spät in die Nacht hinein. Da konnte es aber vorkommen, daß die kleineren Tiere bei der Arbeit einfach einschliefen. Dann mußte Hippie immer heimlich lachen, weil das zu drollig aussah. Er nahm dann ein weiches

Moospolsterchen und deckte die Kleinen zu.

Schließlich war das Werk vollbracht. Vor Hippies Eiche türmte sich ein riesiger Berg von Brombeeren, Himbeeren, Haselnüssen und Eicheln, Hippies Lieblingsspeise. Alle Tiere hatten fleißig mitgeholfen. Der alte Igel hatte dabei solchen Spaß, daß er sein Rheuma ganz vergessen hatte. Richtig gut hatte ihm die Schlepperei getan.

Und Susi Schnecke war im ganzen Sommer nicht so weit herumgekrochen wie in den letzten Tagen. Sie

hatte zum erstenmal Muskelkater am Bauch!
Für die großen Früchte war Harry, der Hase, zuständig gewesen, für die kleineren die beiden Erdhörnchen, Zik und Zak. Und nicht zu vergessen natürlich Pieps, die fleißigste Maus auf der ganzen Welt.
Hippie war überwältigt von der Hilfsbereitschaft seiner Freunde und dankte allen von ganzem Herzen. Er wollte mit ihnen teilen, doch sie lehnten ab.
„Wir haben unsere Vorratsräume schon lange gefüllt, für uns war es auch nicht das erste Mal", sagten sie und verabschiedeten sich frohen Herzens. Es war ein schönes Gefühl, jemandem geholfen zu haben.
Dem kleinen Hippie stand aber noch eine schwere Arbeit bevor. Er mußte nun erst noch alle Vorräte in sein Baumhaus schleppen. Dabei konnten ihm die anderen natürlich nicht helfen, weil sie keine Baumstämme hochklettern können. Aber Eichhörnchen sind im Klettern wahre Meister. Puh, das war trotzdem keine leichte Arbeit. Außerdem mußte Hippie genau überlegen und planen, wo er alles verstauen konnte, um die Beeren und Nüsse alle in seinem Haus unterzubringen. Wichtig war auch, die haltbaren Dinge wie Nüsse weiter hinten zu lagern, damit die empfindlicheren Früchte zuerst verbraucht wurden.
Tagelang dauerte die Schlepperei. Hippie kam ganz schön ins Schwitzen, doch nach und nach wurde der Essensberg vor seinem Haus immer kleiner und seine Vorratskammern bis in den letzten Winkel voller.

Nach zehn Tagen hatte er es endlich geschafft. Es wurde auch höchste Zeit, denn heftige Herbststürme bliesen die letzten Blätter von den Bäumen und verkündeten den näher rückenden Winter.
„Jetzt können die Herbststürme über die Felder fegen", freute sich Hippie.

Er saß im warmen Zimmer und hatte Vorräte, die für drei Eichhörnchen gereicht hätten. So gut hatten seine Freunde für ihn gesorgt!
Plötzlich hatte Hippie eine gute Idee, wie er sich bei den fleißigen Helfern wenigstens ein bißchen bedanken konnte. Kurz entschlossen lud er alle

Freunde zu einer Party ein. Die sagten natürlich gerne zu, denn bei dem stürmischen Wetter konnte man unmöglich draußen spielen, und für den Winterschlaf war es noch zu früh. Alle freuten sich, vor der langen Ruhezeit noch einmal zusammen feiern zu können.

Hippie rührte, kochte und backte die feinsten Gerichte. Ein richtiges Menü stellte er zusammen, und auch die Getränke vergaß er nicht. Am Tag der Party zierte er das Zimmer mit Ballons und legte die weiße Sonntagstischdecke auf. Es sollte nämlich eine ganz besondere Feier werden. Bald erschienen die Freunde einer nach dem anderen und setzten sich erwartungsvoll zu Tisch.

Ihnen schmeckte es, das konnte man deutlich hören. Und sie genierten sich nicht, Hippies Kochkünste zu loben.

„Das ist die köstlichste rote Grütze, die ich je gegessen habe!" schwärmte der Igel und löffelte gleich die ganze Schüssel leer.

„Und die Fruchtschnittchen erst...", mümmelte Harry Hase beim Kauen verzückt.

Da erhob sich Hippie feierlich und hielt eine Rede. „Liebe Freunde, ich danke euch nochmals für eure Hilfe. Ohne euch hätte ich es vor dem Winter nicht geschafft, meine Vorräte einzuholen. Es lebe unsere Freundschaft!"

Erst spät verabschiedeten sich Hippies Gäste. In dieser Nacht träumte Hippie sogar von seinen Freunden. Er träumte vom Wiedersehen im Frühling und von den Spielen, mit denen sie sich nächsten Sommer die Zeit vertreiben würden.

Harry, der Hase

Harry, der Hase, lebte mit seiner Familie in einem großen Wald, umgeben von saftigen Wiesen. In der Nähe plätscherte ein Bach, und an einem kleinen Weiher quakten die Frösche. Fast immer war die Luft erfüllt vom Gesang unzähliger Vögelchen.

Hier konnten die Haseneltern ihre Kinder unbesorgt spielen und herumtollen lassen, denn es hatten sich noch nie Jäger oder andere Feinde blicken lassen. Und das war auch gut so, weil Harry vor lauter Neugier bestimmt dem Jäger direkt in die Arme gelaufen wäre.

Harry war nämlich ein unerfahrenes

und sehr neugieriges Hasenbaby und interessierte sich einfach für alles, was in seiner Umgebung geschah. Darin war er den Menschenkindern ziemlich ähnlich. Ach, wie aufregend das Leben manchmal sein konnte!

Aber sehr weit entfernte er sich nie vom Schürzenzipfel seiner Mama, und oft kam er weinend angelaufen und ließ sich von ihr trösten. Dann war er froh, daß sie immer besorgt nach ihm Ausschau hielt und stets zur Stelle war.

Harry hatte noch eine Schwester und einen Bruder. Die waren schon ein klein wenig vernünftiger als er. Außerdem wohnte ganz in der Nähe die übrige Verwandtschaft, seine Onkel und Tanten und viele, viele Vettern und Cousinen. Ja, Familie Hase war ganz schön zahlreich.

Eines Tages beobachtete Harry seinen Vetter Niko, der genüßlich eine Möhre futterte. „Bestimmt schmeckt das lange Ding irrsinnig gut!" dachte Harry, denn dies war die erste Möhre, die er in seinem jungen Hasenleben zu sehen bekam. Das lag einmal daran, daß Hasenbaby Harry nur Brei zu essen bekam, und zum anderen daran, daß die Möhrenernte gerade erst anfing.

„Na, Kleiner, willst du mal kosten?" fragte Niko, der schon beinahe erwachsen war und immer mit seinen ebenfalls beinahe ausgewachsenen Schneidezähnen prahlte.

„Ja, gerne", sagte Harry und näherte sich dem verlockenden Ding mit leuchtenden Augen. Mit dem Abbeißen hatte Harry allerdings seine Probleme.

„Ha, ha, du mit deinen Stummelzähnchen", lachte Niko den armen Harry aus, als der an der Möhre her-

umlutschte. „Ja, bei mir ist das schon etwas anderes ... meine prachtvollen Schneidezähne sind die längsten im Umkreis. Ganze zwei Zentimeter lang! Guck sie dir nur mal genau an."

Ja, ja, er fing also schon wieder an! Der kleine Harry staunte und bewunderte die Zähne seines Vetters. Ja, solche Prachtzähne wollte er später

auch einmal haben!
„Die habe ich nur den Möhren eines bestimmten Feldes zu verdanken. Soll ich dir verraten, wo es liegt?" fragte Niko.
Natürlich bemerkte Harry nicht, daß ihn Niko anschwindelte, so fasziniert war er. Als ihm Niko den Ort des geheimnisvollen Möhrenfeldes genannt hatte, legte Harry die Ohren an und sauste los, ohne lange nachzudenken. Selbstverständlich erinnerte sich Harry an Mamas Ermahnungen, sich nie zu weit vom Haus zu entfernen. Doch bis sich seine Eltern überhaupt Sorgen machen würden, wäre

er natürlich längst wieder zurück. Jawohl, und staunen würden sie, wenn er am Abend mit zwei Zentimeter langen Schneidezähnen vor ihnen stehen würde. Und seine Geschwister würden vor Neid erblassen. Harry war völlig aus dem Häuschen vor Aufregung.

„Wie hatte Niko gesagt? Die dritte Wegkreuzung links ab, dann immer geradeaus. Dann müßte ich eigentlich bald dasein, ich freu' mich schon!"

Wie gut, daß Harry schon bis drei zählen konnte! Er lief und lief – und plötzlich hatte er das Wunderfeld er-

reicht. Ja, das mußte das Feld sein, von dem ihm Niko erzählt hatte. Zumindest war es irgendein Möhrenfeld, doch Harry war davon überzeugt, fast im Paradies zu sein. Doch was war das? Die Möhren steckten ja alle noch in der Erde! Das hätte ihm Niko aber auch sagen können, dann hätte er seine kleine Spielzeugschaufel mitgenommen. Er mußte also mit den Pfötchen buddeln – und das dauerte. Endlich hatte Harry eine Möhre ausgegraben. Erst machte er sie ein bißchen sauber, und dann ... Erwartungsvoll und mit aller Kraft biß er hinein. „Aua!" schrie er. „Das tut ja weh!" Darauf war der Ärmste nicht gefaßt gewesen!

Aber es mußte sein. „Schönheit muß leiden", dachte Harry und knabberte weiter. Doch die Möhren waren hart, und er kriegte kaum ein Stückchen ab. Außerdem hatte er Durst, und sein Hunger wurde von dem Geknabber nicht kleiner, sondern eher größer. Schließlich fing er auch noch an zu weinen. Armer, kleiner Harry! Nach zwei Stunden hatte Harry endlich mit Mühe und Not eine halbe Möhre geschafft.

Inzwischen war es Nacht geworden, und Harry knabberte immer noch die harten Möhren, ohne daß seine Zähne auch nur einen einzigen Millimeter gewachsen waren.

Jetzt merkte er, daß ihn Niko angeschwindelt hatte. Harry hatte nun auch schreckliche Angst, weil ihm die Geräusche der Nacht fremd waren und der Vollmond gespenstisches Licht verbreitete. Dazu wallten erste Nebelschwaden über die Fel-

der. Außerdem hatte er vollkommen die Orientierung verloren.

„Mama, wo bist du? Ich will heim in mein Bettchen. Und ich verspreche, daß ich in Zukunft immer gehorchen werde und bestimmt nie mehr fortlaufe", schluchzte Harry. Doch konnte ihn freilich niemand hören.

Harrys Eltern und Geschwister machten sich zu Hause natürlich große Sorgen, als Harry nicht zum Abendessen erschien.

„Harry ist ein schlaues Bürschchen, dem passiert so schnell nichts", beruhigte der Vater die Familie. Doch als Harry eine Stunde später immer noch nicht daheim war, wurde auch er unruhig, und die Mutter trippelte nervös auf und ab. Schließlich holten sie eine Nachbarin zum Aufpassen. Nachdem die Kinder im Bett waren, machten sich die Eltern auf die Suche nach ihrem Sprößling. Die ganze Nacht liefen sie kreuz und quer und hin und her. Sie konnten nicht glauben, daß der Kleine noch weiter fortgelaufen war, was also war mit ihrem Jüngsten geschehen?

Die Haseneltern weinten vor Verzweiflung, aber sie gaben die Suche nicht auf. Sie hatten ja keine Ahnung, was für eine Geschichte man ihrem Söhnchen erzählt hatte, und rannten andauernd an dem Möhrenfeld vorbei.

Am nächsten Morgen erzählten die Haseneltern der Verwandtschaft vom Verschwinden des kleinen Harry und der vergeblichen Suche in der Nacht. Da bekam Niko ein schlechtes Gewissen und erzählte die Geschichte von dem Möhrenfeld.

Auf der Stelle lief der Hasenvater in diese Richtung davon. Er wußte als alter Hase ja ganz genau, wo die guten Knabberdinger zu finden waren. Schon von weitem erkannte er Harrys Ohren, und an ihrem Zucken sah er, daß Harry fürchterlich weinte.

„Harrylein, mein Kleiner", rief der Vater überglücklich. „Hier hast du also die Nacht über gesteckt! Wir haben dich gesucht wie die Stecknadel im Heuhaufen!"

„Papa, ich bin ja so froh, daß du mich gefunden hast", schluchzte Harry.

Und weil Harry die ganze Nacht vor Angst kein Auge zugemacht hatte, trug ihn der Vater auf dem Rücken nach Hause.

Unterwegs wollte ihm der Vater eine Strafpredigt halten. Aber schließlich war Harry durch seine Angst genug gestraft worden, und der Vater war sicher, daß Harry nie mehr allein fortlaufen würde. Auch die Mutter war überglücklich, als sie ihren kleinen

Sohn wieder an sich drücken konnte. Weil die Möhren Harry so gut geschmeckt hatten und außerdem auch sehr gesund sind, kochte die Mutter ihren drei Hasenbabys von nun an Gelberübenbrei, backte Möhrenkuchen, preßte Möhrensaft und bereitete Gelberübeneis zu.
Mhh, das schmeckte allen lecker! Sie freuten sich nun auf die Zeit, wo ihre Zähne kräftig genug waren, um selbst richtig Möhren knabbern zu können.

Dem Niko aber zog der Hasenvater die Ohren lang, damit er nie mehr kleine Hasen anschwindelte.

Harry und seine Geschwister entwikkelten sich zu prächtigen Hasen und waren der Stolz ihrer Eltern. Harry hatte seiner Mutter ganz fest versprochen, nie mehr ohne Erlaubnis wegzulaufen. Trotzdem ermahnte sie ihn jedesmal, wenn er nach draußen zum Spielen ging, rechtzeitig zurück zu sein. Denn schließlich kannte sie die Neugierde ihres Sohnes, und seine Unternehmungslust ließ Harry noch viele Abenteuer erleben. Doch keines war so aufregend wie die Suche nach dem Möhrenfeld.
Aber das Allertollste war, daß Harrys zwei Schneidezähne später drei Millimeter länger wuchsen als die seines Vetters Niko. Harry hatte jetzt die längsten Zähne weit und breit.

Purzel und seine Freundin

Purzel war ein junger Mischlingshund und hätte für seine Sorte einen Preis für Klugheit und Schönheit gewinnen können. Er hatte ein wuscheliges Streichelfell mit einem herzförmigen Fleck auf der Seite und lustige braune Augen.
Er war der Hund der kleinen Maria und zugleich der glücklichste Hund der Welt.
Jeden Tag spielte er mit Maria im Park. Es machte ihm Spaß, Ball zu spielen oder einem Stock hinterher-

zujagen. Den trug er dann mit Feuereifer immer wieder zu seinem kleinen Frauchen zurück. Wenn sie ihn nicht gleich nahm, legte er den Stock ungeduldig in ihre Hände und japste mit sich überschlagender Stimme. Purzels Lieblingsspiel aber war, mit Maria um die Wette hinter einem Ball herzurennen. Manchmal erreichte Maria ihn zuerst, aber meistens kamen beide gleichzeitig an. Dann kugelten sie ausgelassen und fröhlich im Gras, bis das Spielchen von neuem begann.

Eines Tages sah Purzel im Park eine Pudelhündin. Sie wurde von einer älteren Dame an der Leine geführt, und Purzel fand, das müsse sehr langweilig sein. Er verlor völlig das Interesse am Spiel mit Maria, denn noch nie in seinem Leben hatte er eine so wunderschöne Hundedame gesehen.

Mit einem langen Seufzer starrte er hinter dem Pudelfräulein her, bis sie nur noch als winziger Fleck in weiter Ferne zu erkennen war. Wäre er nicht ein so folgsamer Hund gewesen, wäre er am liebsten einfach hinterhergerannt. Es mußte herrlich sein, gemeinsam mit ihr über den Grasteppich zu rasen, bis einem die Zunge aus dem Hals hing!

„Purzel, heute bist du aber nicht sehr lustig", klagte Maria, als sie nach Hause gingen. Aber Purzel hörte nicht. Er ließ die Ohren hängen und dachte nur noch an die schöne Pudelin.

Am nächsten Tag saß Purzel vor der Haustüre und starrte traurig ins Leere.

„Wir könnten hinunter zum Fluß gehen", schlug Maria vor. Das liebte Purzel nämlich besonders und

sprang sonst immer bellend an Maria hoch, wenn sie davon sprach. Doch heute schien ihm alles gleichgültig zu sein.

Aber als sie dort ankamen, war es Purzel nicht nach Herumtollen oder gar Schwimmen zumute. Nicht ein einziges Stöckchen trug er zu Maria zurück.

Alles, was er sich wünschte, war, das schöne Pudelfräulein zu suchen. Er verstand gar nicht, daß seine kleine Herrin das nicht begreifen konnte. „Oh, mein lieber Purzel", jammerte Maria, „was ist nur mit dir los?" Langsam gingen sie heimwärts. Armer Purzel! Sein Herz war ihm so schwer. Daheim bereitete Maria ein besonders gutes Fressen für ihren Liebling.
„Schau, Fleisch und Hundekuchen. Bitte iß doch etwas!" Doch Purzel lag traurig vor dem Kamin und rührte keinen Bissen an.
Maria machte sich Sorgen und fragte

ihre Mutter, ob Purzel vielleicht krank sei.

„Er ist wirklich nicht mehr der glückliche, liebe Hund wie früher", meinte auch die Mutter. „Wenn es ihm morgen nicht bessergeht, packen wir ihn lieber ins Auto und fahren zum Tierarzt."

In der Nacht hielt es Purzel vor Sehnsucht nicht mehr aus. Da tat er gegen seine Gewohnheit etwas Verbotenes.

Als die Hintertür einen Augenblick offenstand, schlüpfte er hinaus und rannte schnell in den Park. So etwas hatte er früher nie getan!

„Vielleicht führt der Besitzer die wunderschöne Pudeldame zu einem Spaziergang aus", hoffte Purzel. Aber niemand kam, denn schließlich war es schon längst dunkel, und schweren Herzens ging er allein und in tiefer Dunkelheit nach Hause zurück.

„Wo bist du nur gewesen?" fragte Maria und umarmte schluchzend

ihren Hund. Ihre Eltern und sie hatten schon den ganzen Garten nach Purzel abgesucht. Dabei war das Mädchen schon im Nachthemd und hatte nur den Morgenrock übergestreift.
Am nächsten Tag hatte Maria plötzlich einen Gedankenblitz und fragte Purzel: „Würdest du das Pudelfräulein aus dem Park gerne wiedersehen?"

Sofort spitzte Purzel die Ohren, bellte zustimmend und wedelte dabei mit dem Schwanz. Ja, bei bestimmten Dingen war er wirklich sehr hellhörig.
„Ach so, das ist es also!" lachte Maria. „Du hast dich in die Pudelin verliebt. Daß ich darauf nicht gleich gekommen bin, ich hätte es mir denken können!"

„Wuff, wuff!" stimmte Purzel sofort zu. Wie genau er sein Frauchen doch immer verstand!

„Da hast du aber Glück", sagte Maria. „Zufällig gehört sie einer neuen Klassenkameradin von mir und wird von der Großmutter im Park ausgeführt."

Schnell holte Purzel seinen Lieblingsknochen und schaute Maria treuherzig an.

„Willst du ihr sogar deinen Knochen schenken?" fragte das Mädchen erstaunt. Als Antwort wedelte Purzel heftig nicht nur mit dem Schwanz, sondern wackelte mit dem ganzen Hinterteil.

Maria klopfte ihm gutmütig den Rücken, dann spazierten beide durch den Park zu einem kleinen Haus. Marias neue Freundin, die im selben Alter war, öffnete die Tür.

„Hallo, Tina!" sagte Maria. „Darf mein Purzel mit deinem Hund spielen?"

„Aber gern, das ist eine prima Idee", antwortete Tina. „Putzi wird sich freuen. Sie ist nämlich sehr einsam, seit wir hiergezogen sind."

„Purzel hat sich in Putzi verliebt, als er sie mit deiner Großmutter im Park sah", erklärte Maria. „Seither hat er nicht mehr richtig gefressen und schaut den ganzen Tag traurig."
Die zwei Hunde sahen sich neugierig an und wedelten heftig mit ihren Schwänzen. Purzel schenkte Putzi den Knochen, den sie schnell im Garten unter einem Baum vergrub. Danach gingen alle zusammen in den Park.
„Es macht viel mehr Spaß, mit zwei Hunden spazierenzugehen", rief Maria Tina zu, als sie fröhlich hinter ihren tobenden Hunden herrannten.

„Wuff, wuff!" stimmte Purzel zu und blickte liebevoll zu Maria auf. Beim Tierarzt wurde ihm immer ganz elend, er schlich in die Praxis wie kurz vor dem Zusammenbruch und markierte den Leidenden, wenn er geimpft werden sollte.
Doch das war ihm nun erspart geblieben.

An warmen Tagen durften Purzel und Putzi manchmal auch im Fluß schwimmen. Ausgelassen tobten und planschten die beiden dann im Wasser herum. Purzel wollte immer die kleinen Wellen fangen und

„Ja, das machen wir jetzt öfter!" antwortete Tina lachend.
Maria und Tina gingen nun jeden Tag gemeinsam mit ihren Hunden in den Park. Purzel und Putzi jagten mit wehenden Ohren durch das hohe Gras, kugelten sich und bellten dabei vor Übermut.

Purzel war nun wieder der alte. Er tobte vergnügt und aß auch immer seinen Futternapf leer. Der herzförmige Fleck an der Seite glänzte vor Gesundheit, ebenso wie die dunklen Hundeaugen.
„Ich glaube, nun ist die Welt für dich wieder in Ordnung", meinte Maria erleichtert. „Und wir wollten dich beinahe schon zum Tierarzt bringen..."

schnappte drollig danach, erwischte aber jedesmal nur ein Maulvoll Wasser. Putzi versuchte es anders, sie tapste mit ihren Pfoten nach den Wellen, doch ebenso erfolglos.
Zu Hause wurden sie sorgfältig von den zwei Mädchen mit Handtüchern trockengerubbelt.

Danach lagen Purzel und Putzi am liebsten gemeinsam vor dem Kamin. Und wenn sie dann noch leckeren Hundekuchen bekamen, waren sie rundum zufrieden.
Nirgends wird man zwei glücklichere Hunde als Purzel und seine Freundin Putzi finden.

Das schüchterne Pony

Das Mädchen Susanna lebte in der Nachbarschaft eines großen Bauernhofes und liebte Tiere über alles. Das traf sich gut, denn auf dem Hof lebten die verschiedensten Tiere friedlich zusammen. Kein Tag verging, an dem Susanna nicht hinübergelaufen wäre und alle ihre Freunde begrüßt hätte.

Eines Tages sprachen Susannas Eltern mit dem Bauern und fragten, ob nicht noch ein Plätzchen frei sei für ein weiteres Tier, das sie im Stall des großen Hofs unterbringen wollten.

Die Überraschung war riesengroß, als dann zu Susannas Geburtstag das kleine, weiße Pony dastand. Es hatte eine lockige Mähne, pelzige Ohren und große, ein wenig traurige Augen.

Ihm gehörte nun ein geräumiger Stall für sich allein. An der Türe konnte man die obere Hälfte öffnen, so daß es jederzeit hinausschauen und frische Luft atmen konnte. Auf diese Weise konnte es alles beobachten und hatte keine Langeweile.

Behutsam streichelte das Mädchen die weiche Pferdenase und tätschelte dem Pony die Wangen. „Komm, kleines Pony", sagte Susanna, „ich führe dich herum und zeige dir alles. Wir gehen zu meinen anderen Freunden, dann wirst du bald froh sein. Es sind alles sehr nette, liebe Tiere, und sie werden dich ebenfalls freundlich begrüßen."

Zärtlich legte sie ihren Arm um den Hals des Pferdchens, doch das Pony getraute sich nicht aus dem Stall. Es hatte ja erst die weite Anfahrt in einem Anhänger überstanden, und hier war alles so neu und fremd. Da wollte es lieber erst mal in Sicherheit bleiben.

Schüchtern drückte es seine warme, weiche Nase in Susannas Hand und blies zart hinein.

„Hab keine Angst!" sagte Susanna. „Schau, da drüben ist eine schöne, große Wiese, wo du spielen und herumlaufen kannst. Und frisches, grünes Gras fressen, wenn du magst."

Nun doch etwas neugierig, drehte das Pferdchen die Ohren in diese Richtung.
„Dort ist Bräunchen, das Eselchen!" rief Susanna. „Er lebt hier, er kann dir bestimmt viel erzählen, und du wirst ihn bald sehr gerne haben."
Das Mädchen wollte das Pony laufenlassen, doch es war zu schüchtern und wollte nicht weg. Mit seinen großen Augen schien es zu fragen, ob es denn wirklich zu dem Esel laufen müsse. Doch da kam Bräunchen auch schon angetrabt. Er kannte keine Scheu und war dazu äußerst neugierig.

„Hallo, Pony!" begrüßte er fröhlich den neuen Spielkameraden. „Das Gras schmeckt hier prima, und du wirst dich hier wohl fühlen."
Bräunchen erzählte dem noch etwas schüchternen Pony, wie er in jungen Jahren den Eselskarren ziehen durfte. Als er dann nicht mehr gebraucht wurde, hatte er Glück und kam auf diesen Bauernhof, wo es ihm gutging. Alle hier liebten ihn und seine Plüschohren.
„Gibt es noch andere Pferde auf dem Bauernhof?" fragte das Pony und schnaubte dabei leise. An Pferde war es nun einmal gewöhnt, das ist klar.
„Oh, ja!" antwortete Bräunchen. „Es ist noch eine schöne graue Stute da. Sie steht mit ihren Fohlen auf der Wiese hinter der Hecke. Dann gibt es hier noch Schweine, Gänse und viele Hühner. Du wirst sie noch alle kennenlernen."
Das Pony fühlte sich wohl und verlor allmählich seine Scheu. Bräunchen war schließlich auch sehr freundlich zu ihm. Der Esel machte das Pony auch mit den Lämmern bekannt. Es gab sechs weiße und ein schwarzes. Doch alle hatten sie sehr lange Beine, und ihr Fell war fein gelockt.
Am Abend legte sich das Pony ins Gras und strampelte wie ein kleines Kind mit den Beinen. Das ist ein Zeichen dafür, daß ein Pferdchen sich wohl und sicher fühlt.
Da kam eine Eule angeflogen, und drei Mäuschen huschten herbei.
„Dürfen wir dir Gesellschaft leisten?" fragten sie neugierig. Das Gras ra-

schelte unter ihren kleinen Trippelschrittchen.

„Aber gerne", antwortete das Pony und vergaß allmählich, wie schüchtern es eigentlich noch vor kurzem war. Hier gab es ja nur nette Tiere! Müde stützte es zuerst nur den Kopf etwas ab, dann legte es den Hals flach zur Seite und bewegte noch ein Weilchen die Lippen. Schließlich schlief das Pony im duftenden Gras ein und träumte von wispernden Mäuslein, die seinen Schlaf bewachten.

Am nächsten Morgen wurde das Pony durch lautes Meckern geweckt.

Die kleinen Lämmchen sprangen auf der Wiese umher.
„Es scheint so, als ob die recht übermütig sind", dachte das Pferdchen und galoppierte quer über die Wiese zu den Lämmchen hin. Die waren so erstaunt über die großen Sprünge des Ponys, daß sie neugierig angelaufen kamen. Und als es mit ihnen sogar um die Wette sprang, waren sie richtig glücklich und tobten ausgelassen herum. So toll hatte schon lange niemand mehr mit ihnen gespielt!
Susanne hatte in der Nacht schlecht geschlafen und sich um ihr Pony ge-

Kaninchenohren. Der Junge setzte seinen kuscheligen Spielgefährten auf die Wiese, und hopp – hopp – hopp hoppelte das Kaninchen davon. Und wer lief neugierig hinterher? – Ja, das kleine schüchterne Pony. Bald verlor es auch die Angst vor den wilden Kaninchen, die hier lebten, blies sachte in das weiche, seidige Fell und spielte mit ihnen Fangen.

Am Abend legte sich das Pony unter eine große, schattige Eiche. Die Kaninchen kamen, um zu spielen, aber plötzlich sahen sie den großen Hofhund über die Wiese gelaufen kommen. Wie der Wind waren sie verschwunden.

Auch der Hund dachte nicht daran, das Pony großspurig anzubellen und zu erschrecken. Nein, er blieb vor

sorgt. Gleich nach dem Aufstehen rannte sie hinüber zum Bauernhof, um nach dem rechten zu sehen. Doch wie staunte sie, als sie es übermütig über die Pferdekoppel galoppieren und in die Luft springen sah. „So ist es schön!" meinte das Mädchen aufatmend und konnte nun erleichtert zum Frühstücken gehen. „Das Pferdchen ist zwar noch etwas scheu und schüchtern, aber es sieht heute doch schon recht glücklich aus!"

Später stellte Susanna das Pony ihrem Freund Jakob vor. Der Junge hatte sein Kaninchen mitgebracht. Es war ein ziemlich großes Kaninchen, und Jakob hatte schwer zu schleppen. Vorsichtig kam das Pony heran und zupfte ganz sachte an den

dem Tier stehen und sagte: „Schönen guten Tag, kleines Pony! Susanna wird vielleicht bald mit dir ausreiten. Das wird bestimmt auch dir Spaß machen. Dann komme ich aber mit und passe auf euch beide auf! Du sollst mal sehen, wie schnell ich neben dir herflitzen kann."

„Da bin ich aber gespannt. Ich will dann versuchen, das kleine Mädchen ganz sanft zu tragen", dachte das Pferdchen und schlief ein. Für heute war es viel zu müde, um sich einen Wettlauf mit dem Hund vorzustellen.

Am nächsten Morgen wurde das

Pony durch seltsame Geräusche aufgeweckt. Direkt vor ihm putzte sich die Katze und schnurrte dabei laut. Die Schwanzspitze hatte das Pony an der Nase gekitzelt!

„Wie heißt du denn?" fragte das Pony. „Und warum knurrst du mich so an?"

„Ich heiße Purzel und schnurre", meinte die Katze und schnurrte noch lauter. „Ich freue mich, dich kennenzulernen. Läßt du mich auch in deinen Stall, wenn es nachts kalt wird? Ich hab's doch so gerne warm!"

„Wenn du magst und mich nicht kratzt, darfst du sogar auf meinem warmen, breiten Rücken sitzen", versprach das Pony und gab acht, daß es mit seinen Hufen der Katze nicht zu nahe kam.

Dann erzählte sie noch von dem grünen, saftigen Klee auf der anderen Wiese. Sie hatte nämlich gesehen, wie dort die graue Stute mit Genuß den Klee gefressen hatte. Als das kleine Pony das hörte, bekam es richtigen Appetit. Bald würde es auch die Stute kennenlernen und mit ihr zusammen duftige Kleeblätter abrupfen.

Die Zeit verging wie im Fluge. Jeden Tag begegnete das Pony anderen Tieren und fand immer mehr neue Freunde. Bald konnte es sich gar nicht vorstellen, jemals irgendwo anders gelebt zu haben.

Susanna brachte oft eine große Mohrrübe oder einen Apfel für ihr Pferdchen mit, und genußvoll zermahlte es den Leckerbissen zwischen den Zähnen.

Eines Tages war es soweit, und sie legten dem weißen Pony einen leichten, gepolsterten Sattel auf. Es war schwer zu sagen, ob Susanna oder ihr Pferdchen sich mehr auf den ersten Spazierritt freute. Der Hund jedenfalls sprang den beiden fröhlich voraus und fühlte sich als Hauptperson bei der ganzen Sache. Das Pony gab sich besonders Mühe und trug Susanna ruhig und sicher über die Feldwege.

Nach der Rückkehr rubbelte Susanna ihr Reittier mit Stroh ab, lobte es und sagte lachend: „Ich glaube, du bist gar nicht mehr schüchtern, kleines Pony."

Anna und ihr Pony werden Freunde

Natürlich ist Anna ein Mädchen, auch wenn sie am liebsten in Nietenhosen und mit einem verwegenen Schlapphut herumläuft. Sie spielt mit Puppen und trägt auch gerne mal ein hübsches Kleidchen. Sie hat sogar eine Puppenküche, in der sie ihren Puppenkindern leckere Mahlzeiten kocht.

Anna hat aber auch eine ganze Sammlung von Spielzeugpferden – vom Steckenpferd bis zum Plastikpony – und eine Unmenge Spielfiguren: lauter Indianer und Cowboys, Pferdewagen und Indianerzelte, Rinder, Kühe, Stiere und wilde Büffel. Anna möchte nämlich gar zu gerne ein Cowboy sein...

„Das ist kein Spiel für Mädchen!" behauptet Annas Bruder Andreas immer.

Andreas geht schon zur Schule. Mit seinen Freunden veranstaltet er oft die tollsten Indianer- und Cowboyspiele. Anna darf nie mitmachen.

Annas Papa aber sagt: „Ich sehe keinen Grund, weshalb Mädchen nicht auch Cowboy spielen sollten..."

Manchmal langweilt sich Anna mit ihren Spielzeugpferden, vor allem, wenn Andreas in der Schule ist. Solange nämlich die beiden Geschwister allein sind, ist Andreas ein wirklich lieber Bruder und Spielkamerad. Heute ist wieder so ein Tag, an dem Anna einfach hinaus muß an die frische Luft.

„Wiedersehen, Mami! Ich geh' ein bißchen zu Opa Bauer!" ruft Anna

und fegt wie ein Wirbelwind ins Freie. Draußen begrüßt Bobo sie, vor Freude bellend.

„Komm mit!" ruft Anna ihren Hund. Bobo ist ein richtiger Kinderhund: lieb, wuschelig und immer zum Spielen bereit.

Anna wirft einen Stock, so weit sie kann.

Natürlich saust Bobo schon vorher los, um das Holzstück zu schnappen und dem Mädchen zurückzubringen. Bobo liebt dieses Spiel zum Austoben. Am meisten Spaß macht es An-

na, nur so zu tun, als habe sie den Stecken geworfen. Bobo hüpft herum, wie ein verwirrtes Känguruh.
„Such, Bobo, such!" sagt sie dann und lacht über Bobos tolpatschige Bemühungen, das Stück Holz zu finden. Wenn sie ihn dann tatsächlich wirft, ist er wieder selig.
Opa Bauer ist ein freundlicher Nachbar. Er hat einen richtigen Bilderbuchhof, wie Mama sagt. Mit einer kunterbunten Tierwelt und kaum einer Knattermaschine.
Sogar zum Einkaufen fährt Opa Bauer mit einer Pferdekutsche. Alle Kinder mögen den Mann. Und alle nennen ihn einfach Opa Bauer, obwohl er in Wirklichkeit Herr Obermüller heißt ...

Opa Bauer züchtet vor allem Ponys. Er verkauft sie an Ponyhöfe, wo Kinder Reitferien machen können.
Anna beneidet diese Kinder manchmal. Doch sie weiß, wie sie ihren Kummer vergessen kann. Sie eilt zu einer entfernten Koppel. Sofort kommt eines der kleinen Pferde herangaloppiert.
„Hallo, Peter!" begrüßt Anna ihren vierbeinigen Freund und fragt lachend: „Du hast wohl wieder sämtliche Kinder abgeworfen, was? Du alter Schlawiner!"
Es ist nämlich so, daß Peter von jedem Ponyhof zurückgeschickt wird. Peter sei bösartig, bockig und bissig, heißt es dann immer. Opa Bauer ärgert sich darüber, denn er möchte Peter gerne loswerden.
Anna aber freut sich. „Sei du nur bockig!" sagt sie. „So bleiben wir wenigstens Freunde!"
Anna ist sehr oft bei Peter. Meistens bringt sie ihm etwas zum Naschen mit: ein Stück Apfel, eine Mohrrübe, manchmal sogar ein Stück Zucker. Peter läßt sich dafür streicheln und tätscheln. Bobo muß sich stets in einigem Abstand hinlegen.
„Du sollst Peter nicht nervös machen", sagt sie.
Heute ist Peter besonders zutraulich. Anna ist auf den Zaun geklettert. Peter reibt seinen blonden Ponykopf an Annas Knien. Dann galoppiert er

davon, kommt aber gleich wieder zurück, um das Spiel zu wiederholen. Da überlegt Anna: Ob ich mich trauen soll?
Und dann ist Anna furchtbar leichtsinnig und wagemutig. Sie lockt Peter ganz dicht heran – und klettert frech auf seinen Rücken...

Und siehe da! Peter zockelt mit dem Mädchen auf dem Rücken artig über die Weide, ohne bissig zu sein und ohne zu bocken. Bobo ist aufgesprungen und ist der einzige, der Anna bewundert. Wirklich, sie sieht aus wie ein stolzer kleiner Cowboy! Nun ist Anna nicht mehr zu bremsen...

Anna schafft es einfach nicht, die Seilschlinge einer Kuh oder einem Kalb über Kopf und Hörner zu werfen.

Die Rindviecher finden das äußerst spannend. Bald ist das kleine, Cowboy spielende Mädchen von lauter neugierigen Kühen umringt. Braunglänzende Augen starren sie an, und nasse Kuhmäuler hinterlassen grüne Streifen auf der Nietenhose.

Bobo sind die riesigen Tiere unheimlich. Er bleibt immer schön hinter Anna, die offenbar überhaupt keine Angst hat.

Da taucht Andreas mit seinen Freunden auf. Die Schule ist aus, und schon haben sich die Jungen als Cowboys und Indianer ins Spiel gestürzt.

Andreas ruft: „Schau mal einer an. Meine kleine Schwester als Möchte-

„Cowboys reiten wilde Pferde und fangen Rinder mit dem Lasso", hat Papa erzählt.

„Habe ich nicht ein furchtbar wildes, bockendes, bissiges Pferd gezähmt?" fragt Anna ihren Hund und gibt gleich die passende Antwort: „Klar, hab' ich . . . !" – Dann überlegt sie weiter: Jetzt muß ich nur noch Rinder mit dem Lasso fangen . . .

Anna und Bobo eilen nach Hause. Das Mädchen weiß, wo Andreas sein Wurfseil versteckt hat, und holt es sich.

Auf Opa Bauers Kuhwiese muß Anna allerdings einsehen, daß es ganz schön schwer ist, ein Lasso zu schwingen. Das verflixte Wurfseil will nicht so, wie das Mädchen es gerne möchte.

gerncowboy! Mit meinem geklauten Lasso!"

Anna erwidert: „Das Seil ist nicht geklaut, nur geliehen!"

„Auch noch frech werden!" sagen einige der Jungen, und einer von ihnen schlägt vor, Anna an den Marterpfahl zu binden.

Da beginnt eine wilde Hetzjagd. Kühe, Kinder und Bobo flitzen kreuz und quer über die Weide. Anna ist flink wie ein Wiesel. Bobo kläfft begeistert und weiß überhaupt nicht, worum es eigentlich geht. Und die aufgeschreckten Kühe galoppieren regelrecht, so daß ihre schweren Euter lustig hin und her wackeln. Bobo hat seinen Spaß.

Als Anna aus Versehen in einen frischen Kuhfladen tritt, rutscht sie aus wie auf einer Bananenschale. Wehrlos ist sie den Indianern und Cowboys ausgeliefert.

Die Jungen fesseln Anna an einen Baum. Sie wehrt sich wütend und faucht wie eine Wildkatze. Doch so viele große Kerle sind natürlich eine viel zu starke Übermacht...

Hierauf beginnen die als Indianer verkleideten Jungen, mit lautem Kriegsgeschrei einen wilden Tanz aufzuführen. Andreas und die anderen Cowboys feuern sie dabei kräftig an.

Andreas ruft: „Gleich wirst du von den Indianern gemartert! Es sei denn, du flehst um Gnade!"

Anna schreit: „Du bist gemein! Ihr seid alle gemein! So viele gegen einen!"

„Wir könnten sie ja mit Brennesseln kitzeln", schlägt einer der Buben vor. Andreas aber sagt: „Nein, das wäre echt gemein. Aber einfach so kitzeln, das reicht schon, sie ist nämlich wahnsinnig kitzelig." Anna kichert und kreischt, als die Indianer sie kräftig durchkitzeln.

Plötzlich taucht Opa Bauer auf und sagt: „Na, na! Ihr seid mir vielleicht ein paar tapfere Kerle! Ein kleines Mädchen an den Marterpfahl binden, schämt euch! Helft mir lieber, die Ponys zum Hof zu treiben, ihr Indianer und Cowboys!"

Für eine Weile sind die Indianer abgelenkt und beschäftigt. Anna ist fürs

erste gerettet.
Auf Opa Bauers Hof werden die Tiere in eine Umzäunung getrieben, aufgezäumt und gesattelt.
Ein flotter junger Mann will die kleinen Pferde für ein Kinderheim kaufen und sagt: „Dann wollen wir mal sehen, wie kinderfreundlich Ihre Tiere sind, Herr Obermüller. Also, ihr Cowboys und Rothäute, rauf auf die Gäule! Von mir aus kann das Rodeo beginnen!"
Andreas und seine Bande steigen stolz auf die Ponys. Anna möchte natürlich auf Peter mitreiten. Die Jungen aber drängen sie zurück und behaupten, das hier sei eine kernige Männersache. Dabei hätten blöde

kleine Mädchen nichts zu suchen.

„Ich bin auch ein Cowboy!" schreit Anna verzweifelt und den Tränen nahe. Doch die Kinder reiten bereits im Kreis herum und schauen lässig auf sie herab.

Opa Bauer hebt Anna auf die Umzäunung und setzt sich neben sie. „Mach dir nichts draus, Schätzchen", tröstet er sie.

In diesem Augenblick hört man einen wütenden Aufschrei und einen Plumps. Einer der Cowboys liegt im Sand. Peter hat ihn einfach abgeworfen...

„Dieser blöde Gaul!" schimpft der kleine Cowboy beleidigt und klopft sich den Staub aus den Hosen.

Da sagt Andreas herablassend: „Komm, steig auf mein Pferd! Ich übernehme den Peter! Bei mir hat er das noch nie gemacht!"

Behende steigt Annas Bruder in den Sattel, und artig zottelt Peter weiter. Es dauert aber nicht lange, da fängt Peter wieder an, störrisch zu werden.

„Peter, du kleiner Lümmel!" schimpft Opa Bauer, und der Ponykäufer sagt lachend: „Den behalten Sie mal lieber, Herr Obermüller, der ist ja ein richtiger Kinderschreck... Finden Sie das nicht auch?"

„Ist er nicht", sagt Anna schnippisch.

„Und was ist das da, kleines Fräulein?" fragt der junge Mann und zeigt auf den bockigen Peter. Krampfhaft versucht Andreas, oben zu bleiben.

Immer widerspenstiger wird das Pony. Es bäumt sich auf und – hast du nicht gesehen! – liegt Andreas im Sand und macht ein äußerst verdutztes Gesicht.

Peter aber kommt fröhlich angaloppiert und schubst Anna freundschaftlich. Ohne lange zu überlegen, klettert das Mädchen auf Peters Rücken.

„Um Himmels willen, Anna!" ruft Opa Bauer besorgt.

Alle Jungen sehen sich das Schauspiel mit offenem Mund an: Ohne einmal zu bocken, trottet Peter lammfromm mit Anna auf dem Rücken im Kreis herum. Nun kann sie stolz von oben herab auf all die verdutzten Cowboys und Indianer blicken.

„Donnerwetter!" sagt der Ponykäufer anerkennend. „Du bist ja wirklich ein toller kleiner Cowboy!"

Opa Bauer schaut nachdenklich. Dann sagt er: „Das gefällt mir einfach, wie so ein Mädchen uns allen zeigt, was für ein ganzer Kerl sie ist! Bravo!" Und zu Anna sagt er: „Keiner will den Peter haben. Du aber schaffst es, mit ihm klarzukommen. Also gehört dir das Pony ab sofort!"

Vor Freude fängt Anna zu heulen an. Aber keiner der Jungen macht eine blöde Bemerkung, denn Opa Bauer droht ihnen im Spaß: „Und wehe, einer von euch komischen Banditen wagt es noch einmal zu behaupten, Anna sei kein Cowboy!"

Anna und ihr Pony wollen zum Zirkus

Was immer der kleinen Anna in den Sinn kommt, muß ausgeführt werden. Sie will immer irgend etwas sein. Am liebsten geht sie in Nietenhosen wie ein Cowboy.
Ihrem großen Bruder Andreas und seiner Bande hat Anna gezeigt, daß sie wirklich ein Cowboy sein kann. Vom bockigen Pony Peter ist sie nämlich als einzige nicht abgeworfen worden. Vielmehr ist sie mit dem Pferdchen so gut zurechtgekommen, daß Herr Obermüller dem Mädchen das Tier geschenkt hat. Opa Bauer – so nennen die Kinder Herrn

Obermüller. Seitdem wird Anna von keinem der Kinder mehr gehänselt. Alle finden, daß sie ein prima Spielkamerad ist. Sie hat auch stets verrückte Ideen. Diesmal will Anna zum Zirkus. Die Kinder überlegen, als was Anna beim Zirkus auftreten könnte. „Als Cowboy natürlich!" sagt sie sofort.

Andreas meint lachend: „Dann schon eher als Clown." Anna erwidert: „Warum nicht? Hauptsache, Zirkus!"

Dann schweigen die Freunde. Wo gibt es einen Zirkus?

Da fragt der dicke Uli die betrübte Kinderrunde: „Warum machen wir nicht selbst einen Zirkus auf?"

„Au jaaa! Tolle Idee! Super!" schreien alle, und Anna jubelt:

„Klar, wir gründen einen Zirkus! Und Tiere haben wir auch genug! Hier ist mein Hund Bobo. Und außer Peter hat Opa Bauer noch viele Ponys und Gänse und Ziegen..."

Mit Gejohle stürmen die Spielkameraden auf den Hof von Opa Bauer.

„Soso, einen Zirkus wollt ihr gründen", schmunzelt Opa Bauer. Und weil er ein Kinderfreund ist, sagt er: „In Ordnung. Auf der Ponywiese hinterm Haus könnt ihr euer Programm einüben."

Die Freunde setzen sich mit Opa Bauer zusammen und beratschlagen, wie sie vorgehen wollen.

„Also, was wollen wir nun eigentlich vorführen?" fragt Andreas.

Opa Bauer schlägt vor: „Macht erst mal das, was ihr sowieso immer spielt: Verkleidet euch als Cowboy und Indianer!"

„Wir brauchen aber auch einen Clown!" unterbricht eines der Kinder.

Uli fügt hinzu: „Und so einen Ha –, Halle –, Harlekin."

„Genau!" brüllt Anna und bestimmt: „Uli macht den Clown, und ich den Halle-, also, den Har-le-kin!" Ihr fällt nämlich ein, daß zu Hause ein Harlekinkostüm hängt. Mama hatte es als Kind zum Karneval getragen.

Nun kann es also losgehen. Aus dem dicken Uli ist ein lustiger Clown geworden. Anna paßt die Harlekinverkleidung toll. Andreas und seine Bande mimen verwegene Kerle aus dem Wilden Westen. Indianer üben auf Opa Bauers Ponywiese Kriegstanzgeheul oder schießen Pfeile auf eine Zielscheibe. Clown Uli versucht sich als Jongleur mit bunten Bällen.

Natürlich klappt es nie richtig. Das macht Uli immer wütender. Gerade das sieht so lustig aus, daß seine Spielkameraden Beifall klatschen. Schließlich überlegen die kleinen Zirkusartisten noch, welche Tiere bei der Vorführung mitmachen sollen.

Eines Tages ist es tatsächlich soweit. Die große Vorstellung kann stattfinden! Eltern, Freunde, Tanten, ein Onkel, Oma, Opa und viele Kinder tummeln sich auf der Ponywiese. „Annas Kinderzirkus" verkündet ein Schild. Mit Sägespänen ist eine runde Manege gekennzeichnet, Hocker und Obstkisten sind drum herum verteilt. Opa Bauer spielt den Ansager: „Meine sehr verehrten Damen und Herren, seien Sie mir willkommen in Annas Kinderzirkus!" Er hat sich wie ein Zirkusdirektor herausgeputzt. Die Zirkuskinder sind sehr aufgeregt. Hinter großen aufgespannten Tüchern warten sie auf ihren Auftritt. Als die Zuschauer klatschen und Opa Bauer auf seiner alten Ziehharmonika zu spielen beginnt, sagt Anna: „Auf geht's! Los! Die Schau beginnt!" Fröhlich winkend marschieren die Kinder in die Zirkusarena. Und dann folgen Schlag auf Schlag die sorgsam eingeübten Darbietungen und sensationellen Attraktionen. Programmnummer eins ist ein indianischer Kriegstanz. Dann folgt Andreas als einer der besten Lassowerfer des Wilden Westens. Zwischendurch bringt der Clown die Zirkusgäste zum Lachen. Schließlich ist Anna an der Reihe. Opa Bauer macht die Ansage: „Und nun, hochverehrtes Publikum, die besten Dressurdarbietungen von Harlekin Anna!"

„Hoffentlich klappt alles!" bangt Anna hinterm Vorhang. Sie hat ziemliches Lampenfieber. „Natürlich klappt es! Wir drücken die Daumen!" ermuntern die Freunde das Mädchen.

Dann schreitet Anna in die Manege, gefolgt von der Gans Amanda. Sofort fangen die Zuschauer an zu lachen und vor Freude zu klatschen, denn Amanda zieht einen Puppenwagen, aus dem ein friedlich mümmelndes Kaninchen schaut.

Niemand merkt, daß Anna die hungrige Amanda im Kreis herumlockt, indem sie ab und zu ein paar Körner fallen läßt! Nun aber folgt Bobos Glanznummer. Mit einer eleganten Bewegung hält Anna ihrem Hund den Reifen zum Sprung hin. „Hopp!" kommandiert sie. Das Kunststück konnte er zuletzt fast im Schlaf. Nichts passiert... Bobo schaut nur treuherzig durch den Reifen. Wieder versucht es Anna: „Los Bobo! Hopp!" Der Hund legt den Kopf schräg und schaut Anna erwartungsvoll an. Anna murmelt verzweifelt: „Laß mich bloß nicht im Stich! Spring!"

Die anderen Kinder beobachten die Situation voller Sorge. Opa Bauer hat allerdings vorgesorgt. Er flüstert mit dem dicken Uli, und schon stolpert der Clown unter dem Gelächter der Zirkusbesucher in die Manege. „Bobo nix springen, wenn Bobo nix

Bratwurst!" brüllt er. Dann wedelt er mit einer dicken Wurst vor Bobos Nase.
Mit einem Super-Tiger-Hechtsprung saust Bobo durch den Reifen. Noch in der Luft schnappt er den Leckerbissen! Anna und Uli aber dürfen sich die Bravorufe und den Applaus der Zuschauer teilen... Hinter dem Vorhang entsteht geschäftiges Rumoren. Ein Rascheln und Klappern, ein Schnauben, Kichern und Mekkern...
Opa Bauer schnappt seine Ziehharmonika und ruft: „Manege frei für die große Kinderzirkus-Schlußparade!"

Als sich der Vorhang öffnet, zieht eine prächtige Karawane in das Zirkusrund ein. Die Leute sind stumm vor Staunen. Anna hat sich in eine Prinzessin verwandelt, die stolz auf ihrem Pony Peter reitet. Auch Andreas und seine Bande sind kaum wiederzuerkennen. Wer ist wohl der Ritter? Und wer steckt in der Seeräuberverkleidung? Da sind auch ein arabischer Scheich und ein türkischer Sultan. Und dort ein indischer Schlangenbeschwörer mit einer grausigen Giftschlange. Zum Glück ist es nur eine aus dem Spielzeugladen! Geschmückte Ponys und Ziegen sowie die Gans Amanda gehören ebenfalls zur Prachtparade.

Langer Beifall und Jubel sind der Lohn für all die Mühe, die sich Anna und die Kinder gemacht haben.

Nur wenige Tage später kommt Anna atemlos zu Opa Bauer gerannt. Sie berichtet aufgeregt: „Ein Zirkus! Ein berühmter Zirkus hat in der Stadt sein riesengroßes Zelt aufgeschlagen! Morgen nachmittag ist Vorstellung!"

So kommt es, daß Opa Bauer seine Ponys vor einen Wagen spannt und mit Annas Zirkuskindern in die Stadt fährt. Er sagt: „Übrigens habe ich mit meinem Zylinder für eure Vorführung so viel Geld gesammelt, daß wir Karten für die besten Plätze kaufen können!"

Sie bekommen ein atemberaubendes Programm zu sehen. Auf einmal spielt die Zirkuskapelle einen lauten Tusch. Dann hört man die Stimme des Zirkusdirektors: „Meine sehr verehrten Damen und Herren, liebe Kinder! Der weltberühmte Cowboy-Artist und Kunstreiter Colorado-Jim möchte wissen, wer von euch Kindern den Mut hat, auf seinem Pferd Silberpfeil zu reiten!"

Erwartungsvolle Stille herrscht. Da ruft Uli: „Anna soll reiten!"

Annas Herz klopft vor Aufregung. Aber sie meldet sich! Und Colorado-Jim hebt sie auf den Rücken von Silberpfeil. Er merkt gleich, daß Anna ein Pferdemädchen ist. Deshalb läßt er sie zunächst ganz allein im Kreis reiten.

Plötzlich nimmt Colorado-Jim Anlauf – und landet mit einem Satz hinter Anna auf dem Pferd. Stehend läßt er ein Lasso kreisen. Einen Handstand macht er sogar. Schließlich wagt er einen Salto – und landet unbeschadet auf Silberpfeils starkem Rücken. Das Pferd gerät kein bißchen aus dem Takt.

Das Publikum tobt vor Begeisterung. Den Cowboy finden sie super! Einfach toll! Die kleine Anna aber hat das Herz der Zuschauer gewonnen. Alle rufen: „Anna! Anna! Anna!"

Und Anna selbst? Sie mag am liebsten gar nicht mehr runter von Silberpfeil.

Opa Bauer wischt sich heimlich ein paar Freudentränen aus den Augen und murmelt: „Verflixt, sie ist einfach ein prachtvolles Mädchen!"

Anna und ihr Pony gehen auf Wanderschaft

Im Stall von Herrn Obermüller, den alle Nachbarkinder liebevoll Opa Bauer rufen, striegelt Anna ihr Pony Peter. Die beiden haben bereits eine Reihe von Erlebnissen gut überstanden. Die Aussicht auf einen einsamen Sommer allerdings findet Anna ganz furchtbar! „Peter hat wenigstens noch die anderen Ponys auf der Weide", sagt das Mädchen. „Aber ohne Andreas und meine Freunde wird es total langweilig sein! Oberstinklangweilig!" Sie fühlt sich bestraft und weiß nicht, wofür.

Andreas ist Annas älterer Bruder. Früher hatten er und seine Bande das Mädchen nie mitspielen lassen. Bis Anna den Buben bewiesen hat, was sie alles auf die Beine stellen kann.

Opa Bauer tröstet das Kind: „Du steckst doch sonst so voller pfiffiger Ideen. Da wird dir sicherlich noch etwas einfallen, damit die Sommerferien nicht so langweilig werden, oder? Da täusche ich mich ganz gewiß nicht!"

Anna ist so unglücklich, weil Andreas und seine Bande in ein Sommerlager der Pfadfinder dürfen. Dabei sind die Freunde davon überzeugt, daß Anna für sämtliche Jungenspiele tauglich ist. Sie unterscheiden auch gar nicht mehr zwischen Bubenspielen und Mädchenspielen. Deshalb sagt der dicke Uli: „Ist zwar völliger Quatsch, aber wir können nichts daran ändern. Dieses Zeltlager ist halt nicht für Mädchen zugelassen."

Anna muß sich damit abfinden.

Bald entdeckt sie, daß das Leben auch alleine sehr schön sein kann. Sie stromert mit ihrem Hund Bobo durch die sommerliche Umgebung. Als sie am Rande eines Wäldchens entlangtollen, fletscht Bobo plötzlich die Zähne und knurrt.

„Was ist denn los?" fragt das Mädchen beunruhigt und überlegt, ob Bobo wohl irgendein Tier wittert. Als der Hund wütend bellt, hört man es aus dem Gehölz knacken und bedrohlich brummen.

„Ein Bär!" schreit Anna und will weglaufen.

Aus dem Gebüsch aber taucht eine äußerst wunderliche Gestalt auf. Bobo weiß nicht, ob er mit dem Schwanz wedeln oder weiterkläffen soll. Und Anna findet diese sonderbare Mischung aus Weihnachtsmann und Kinderschreck halb zum Lachen und halb zum Fürchten.

„Sei gegrüßt, kleines Fräulein!" sagt die Gestalt und beruhigt Bobo. „Keine Angst, du tapferer Kerl, ich tue euch nichts! Ich bin kein Bär und auch kein böser Wolf! Und schon gar kein Räuber! Darf ich mich vorstellen: Ich bin nur der Hannes! Hannes, der Vagabund..."

Offenen Mundes bestaunt Anna den freundlichen alten Mann, der sich wirklich als harmloser Wandergesell entpuppt. Hannes erzählt von fernen Städten und Ländern. Begeistert lauscht das Mädchen den Worten des Vagabunden: „Einmal war ich am Hofe des mächtigen Sultans Ibi-Hibi-Ben-Haschmi. Weil ich gut Mundharmonika spielen kann, wollte der mich unbedingt zum Hofmusikanten machen. Mit purem Gold wollte er mich bezahlen, das muß man sich einmal vorstellen, mit purem Gold!"

„Sind Sie dann Hof-Mundharmonikaspieler geworden?" fragt Anna.

„Nein", antwortet Hannes. „Ich sagte zum Sultan: O großer Ibi-Hibi-Ben-Haschmi, du weiser Wüstenscheich, ich bin Hannes, der Vagabund. Und ein Vagabund muß beharrlich seines Weges ziehen und beweisen, daß die Erde rund ist!"

„Die Erde ist rund?" fragt Anna, und Hannes antwortet: „Rund wie ein Ball. Wenn du immer in eine Richtung wanderst, kommst du irgendwann an dieselbe Stelle zurück. Da gehst du davon, und von dort kehrst du zurück." Dabei fuchtelt der Vagabund energisch mit seinen Armen. Als Anna heimwärts eilt, weiß sie genau, was sie tun wird und sagt: „Was der alte Hannes kann, kann ich auch. Ich gehe mit meinem Pony auf Wanderschaft!"

Heimlich bereitet Anna alles vor. Decke und Taschenlampe hat sie in ihrem Rucksack verstaut. Bis sie den Proviant beisammen hat, vergehen noch ein paar Tage. Dann aber hat sie genug Brot vom Frühstück aufgespart. Äpfel liegen im Keller, auch eine Dauerwurst. Schließlich kann sie die Verpflegung und eine Campingflasche voll Wasser zur Ausrüstung packen.

Nun heißt es, mit dem schweren Gepäck zu Peter zu schleichen, um dann mit dem Pony und dem Hund aufzubrechen.

„Mama und Papa werden sich Sorgen machen", denkt das Kind. Die Abenteuerlust siegt aber bald über das schlechte Gewissen. „Es kann ja gar nicht lange dauern, um die runde Welt zu ziehen", überlegt sich Anna und spornt ihr Pony an: „Los, Peter!

Immer der Nase nach! Dann sind wir in ein paar Tagen wieder zurück..."
Über Wiesen und Felder reitet Anna. Ein wildes, freies Gefühl hat sie gepackt. Auch Bobo spürt es, und er springt ausgelassen voraus. Wie herrlich, einfach so in die Ferne zu ziehen! Einmal alles hinter sich lassen!
Als Anna nicht zum Mittagessen erscheint, gehen die Eltern zu Herrn Obermüller. Aber auch dort ist das Mädchen nicht. Opa Bauer stellt fest, daß Peter fehlt.
„Bobo ist ebenfalls verschwunden", sagt Papa und überlegt: „Wir kennen ja die Anna. Sie wird ein wenig zu weit weggeritten sein. Die drei tauchen bestimmt bald auf."
Die Eltern und Opa Bauer warten und warten... Papa telefoniert mit seinem Büro und sagt Bescheid, daß er heute nicht mehr zur Arbeit kommt. Annas Eltern sind schließlich vor Sorge um ihr Kind völlig aus dem Häuschen.
„Das kommt nur davon, weil Anna immer diese wilden Jungenspiele mitmachen will. Wenn ihr jetzt etwas passiert ist!" schluchzt Mama.
Annas Vater sagt: „Wieso Jungenspiele? Diesen dummen Einfall hat sie ganz alleine gehabt!"
Es wird später Nachmittag, es wird Abend. Anna samt Pony und Hund bleiben verschwunden. „Wir müssen es der Polizei melden", sagt die Mutter und weint verzweifelt.
Als es anfängt zu dunkeln, wird es dem wanderlustigen Mädchen doch ein wenig unbehaglich. Das wundervolle Gefühl der Freiheit ist nicht mehr so aufregend. Auch Bobo trottet nur noch müde hinter Anna und dem Pony her. Ab und zu schaut er sich traurig um und winselt leise.

„Wo sollen wir nur übernachten?" grübelt Anna. Da erblickt sie eine Scheune am Rand einer Wiese.
„Natürlich! In Scheunen oder auf Heuböden übernachten die Vagabunden, das hat mir Hannes erzählt", sagt Anna. Sie läßt Peter auf der Wiese weiden. Danach packt sie ihre

Decke und den Proviant aus und richtet sich in dem windschiefen Schuppen ein.

„Ist doch ganz gemütlich", lacht sie und tätschelt Bobo. Der Hund würde jedoch am liebsten zurück nach Hause laufen. Ihm ist ziemlich bange ums kleine Hundeherz.

Anna beißt in einen Apfel. Das Brot und die leckere Dauerwurst teilt sie mit Bobo. Als es Nacht wird, kuscheln sich die beiden schutzsuchend aneinander. Doch an Schlaf ist nicht zu denken. Denn kaum ist es dunkel, zieht ein Gewitter auf. Man hört es grollen und grummeln. Immer näher kommt es. Bald umtosen Donner und Blitz, Regen und Sturm den

Schuppen. Draußen wiehert Peter und galoppiert unruhig über die Wiese.

In der windschiefen Scheune kauern sich Anna und Bobo zitternd aneinander. Mit einem Male kracht es fürchterlich. So, als sei ein Blitz in der Nähe eingeschlagen. Anna denkt, die Welt geht unter. Bobo ist jedenfalls davon überzeugt. Außerdem weiß er ganz genau, daß jetzt die grausigen Hundegeister kommen, um ihm den Schwanz abzubeißen. Vor Angst jaulend, prescht er aus dem Schuppen in die von Blitzen erhellte Nacht.

„Bobo! Bobo, bleib hier!" schreit Anna voller Verzweiflung. Aber Bobo rennt um sein Leben ...

Irgendwann schläft Anna ein. Als sie aufwacht, ist es unheimlich still. Wo ist Bobo? Da erinnert sich das Mädchen an die vergangene Nacht. Ob Peter noch draußen auf der Wiese weidet? Vorsichtig verläßt Anna den Schuppen und schaut sich um. Von Peter ist weit und breit nichts zu sehen. Wie sollte sie nun ohne ihn nach Hause kommen?

„Peter!" ruft das Kind und fühlt sich sehr einsam und verlassen. Als Anna abermals nach ihrem geliebten Pony ruft, kommt das Pferdchen aus dem Schatten eines Gebüschs angetrabt. Liebevoll streichelt Anna das Tier und sagt: „Wie schön, daß du mich nicht im Stich gelassen hast. Bobo, dieser feige Köter, ist nämlich einfach abgehauen!"

Peter schnaubt und spielt nervös mit den Ohren.

„Was ist?" fragt Anna und hört auch schon fernes Rufen und Bellen. Tatsächlich! Wild kläffend folgt Bobo seiner eigenen Spur und führt Mama, Papa und Opa Bauer zu Anna und Peter.

„Da seid ihr ja, ihr beiden Ausreißer!" sagt Papa außer Atem.

Mama kann vor Glück gar nichts sagen. Als sich letzten Endes Anna und ihre Eltern in den Armen liegen, sagt Opa Bauer zu Peter: „Na, da staunst du! Solch einen tränenreichen Freudentaumel bekommt man nicht jeden Tag zu sehen!"

Einige Vorwürfe und Ermahnungen

muß sich Anna aber doch anhören. Danach sagt Papa versöhnlich: „Damit du nicht wieder auf allzu abenteuerliche Ideen kommst, haben wir eine Überraschung für dich."

„Was denn?" fragt das Mädchen neugierig.

Mama lüftet das Geheimnis. „Du darfst wieder mit Peter auf Wanderschaft gehen. Diesmal gehen wir jedoch alle zusammen!"

„Juhu! Um die ganze Welt?" schreit Anna aufgeregt.

„Nicht ganz so weit", beschwichtigt Papa.

Bei herrlichem Sommerwetter zieht

die Familie los. Peter trägt zusätzlich die Zeltausrüstung und die Schlafsäcke. Papa und Mama führen Rucksäcke mit sich. Schon am Nachmittag suchen sie einen Platz zum Übernachten.

Als sie alle ums Lagerfeuer sitzen, sagt Anna: „Jetzt bin ich doch froh, daß ich nicht mitdurfte mit Andreas und meinen Freunden. Denn unser Lagerplatz ist bestimmt viel wilder und abenteuerlicher als dieses Zeltlager!"

„Bestimmt", sagen Mama und Papa und freuen sich über Annas glückliches Lächeln.

Anna und ihr Pony suchen den Piratenschatz

Anna stromert mit Pony Peter und ihrem Hund Bobo durch die Sommerlandschaft. Am See treffen die drei auf Annas Bruder Andreas und seine Bande. Heute tun die Jungen allerdings sehr geheimnisvoll. Sie grinsen und flüstern miteinander.
„Was ist denn los?" fragt Anna.
„Wieso, was soll los sein?" fragt einer der Buben scheinheilig.
„Tut doch nicht so, ihr habt bestimmt eine total verrückte Eselei ausgeheckt!" lacht das Mädchen.
Da fragt Andreas seine Bande: „Sol-

len wir sie in die Sache einweihen?" Spontan antwortet der dicke Uli: „Klar, Anna ist doch unser Kumpel!" – „Sicher!" – „Logo!" sagen Annas Freunde und fordern sie auf, sich in ihren Kreis einzureihen. Nun würde sie ein großes Geheimnis erfahren...

Aufgeregt wurstelt Andreas in seinen Hosentaschen.

„Sag bloß, du hast es verloren!" sagt eines der Kinder besorgt.

Endlich hat Annas Bruder sein verknotetes Taschentuch gefunden. Gespannt beugen sich alle über das ausgebreitete Tuch.

Ein prachtvoller Goldring funkelt in der Sommersonne.

„Pooh!" staunt Anna. „Wo habt ihr denn den her?"

Die Jungen erzählen, daß sie den Ring beim Spielen auf der Insel gefunden hätten. Anna will es genauer wissen. Daraufhin berichtet Andreas, daß sich seine Bande auf der Insel eine Hütte gebaut hat.

„Und als wir im Laub herumwühlen, um die Hüttenstangen in der Erde zu verankern", erklärt Andreas, „sehen wir es so komisch glitzern. Da liegt dieser Ring einfach so vor unseren Füßen..."

„Und ihr habt nicht weitergebuddelt?" fragt das Mädchen atemlos.

„Wieso?" fragen die Jungen verständnislos.

„Menschenskinder!" stöhnt Anna. „Was ihr auf der Insel gefunden habt, kann doch nur ein Stückchen von einem sagenhaften Piratenschatz sein!"

Für Anna gibt es kein Halten mehr. Ihre Begeisterung ist richtig ansteckend. Bald sind alle Kinder davon überzeugt, daß vor langer Zeit Piraten vom Meer bis zu diesem See vorgestoßen sein müssen.

„Piraten sind Seeräuber", sagt Anna. „Und ihre Schätze vergraben sie immer auf Inseln... Immer!"

Selbstverständlich weiß Anna auch schon ganz genau, wie der Piratenschatz gefunden werden kann. „Als erstes brauchen wir ein Floß. Damit können wir dann herumsegeln und Seeräuber spielen. Daß wir nach

dem Schatz suchen, fällt dann gar nicht mehr auf."
„Eine Wahnsinns-Idee!" jubeln die Spielkameraden.
Opa Bauer, der kinderliebe Nachbar, stiftet Holz, Seile, Nägel und Segeltuch für das Piratenfloß. Mit Pony Peters Hilfe schleppen die Kinder das Baumaterial zum Ufer. Es ist ein tüchtiges Stück Arbeit, und ohne Opa Bauers Hilfe wäre das abenteuerliche Fahrzeug nie fertig geworden. Nun aber können die kleinen Seeräuber endlich lossegeln.
Rasch lernen die Kinder das Floß zu handhaben. Als Piraten verkleidet

toben sich Anna und die Jungen nach Herzenslust aus. Peter und Bobo sind so ausgelassen wie die wilde Seeräuberbande. Das Floß ist ein echter Sommer-Badespaß!
Dann aber besinnen sich die kleinen Piraten.
„Wir müssen die Sache mit dem Schatz unbedingt geheimhalten!" sagt Anna. Die Kinder versprechen es und besorgen eine ganze Reihe von Werkzeugen und Hilfsmitteln für die Schatzsuche: Schaufeln, Seile, vor allem Lampen.
Anna sagt in verschwörerischem Flüsterton: „Wir werden uns morgen nacht heimlich treffen. Seeräuber haben nämlich ihre Schätze immer um Mitternacht bei Vollmond vergraben. Deshalb kann man einen Piratenschatz nur bei Vollmond finden."
Der Mond scheint so hell, daß die kleinen Schatzsucher mit ihrem Floß mühelos zur nahen Insel finden. Gemeinsam bringen sie die Ausrüstung an Land und zur Hütte. Dann stehen sie ein wenig ängstlich beisammen und lauschen in die Nacht... Unheimlich ist es, aber auch spannend!
„Wo sollen wir suchen?" flüstert der dicke Uli.
„Vielleicht direkt vor der Hütte, wo wir den Ring gefunden haben", schlägt Andreas vor und fängt an zu graben. Bald schaufeln und scharren, buddeln und bohren auch die anderen im Waldboden herum. Nichts ist zu finden – rein gar nichts!
„Wo haben diese verflixten einäugigen Halsabschneider ihre Beute bloß versteckt?" schimpft einer der Burschen. Plötzlich zeigt Anna auf

eine Stelle, auf die der Mond sein hellstes Licht wirft.

„Hier muß der Schatz der alten Freibeuter liegen!" sagt das Mädchen. Es dauert nicht lange, da stoßen die Schatzgräber auf etwas Hartes. Fieberhaft legen sie die verrostete Oberfläche einer eisernen Kiste frei. „Hab' ich's nicht gesagt!" jubelt Anna. „Das muß eine regelrechte Schatztruhe sein!" staunt Andreas, und ein anderer schreit begeistert: „Eine Eisenkiste voller Gold!" Sofort rufen alle durcheinander: „Und Edelsteine!" – „Und Silbermünzen!" – „Und Piratensäbel und Seeräubermesser und und . . ."

Die Schatzgräberbande überschlägt sich in den wildesten Vermutungen, bis Anna vorschlägt: „Wie wär's, wenn wir das Ding erst einmal ausgraben?"

Mit goldgierigem Eifer schaufeln die kleinen Glücksritter. Sie wühlen und schwitzen und grinsen sich verschwörerisch an. Endlich ist es geschafft! Mit kräftigem Hauruck stemmen sie die schwere Metallkiste gemeinsam aus der Grube.

Zunächst sagt keiner ein Wort. Aber dann platzt der dicke Uli vor Wut und Enttäuschung: „So ein hirnverbrannter Bockmist! Einen Ofen haben wir ausgegraben! Einen alten, vergammelten Ofen!"

Anna läßt sich jedoch nicht beirren: „Eigentlich hat das nichts zu bedeuten. Ist halt ein bißchen Pech, wir müssen nur weitersuchen. Irgendwo ist der Piratenschatz, ganz bestimmt!"

Die jungen Burschen sind nicht mehr zu überzeugen. Nein, von Piraten-Annas Schatzsucherei wollen sie nichts mehr wissen.

„Nein", sagt der dicke Uli, „deinen blöden Piratenschatz kannst du dir an den Schlapphut stecken!"

Für Anna gibt es kein langes Überlegen: „Ich werde trotzdem weitermachen", sagt sie. „Mit meinem Pony und Bobo werde ich es auch alleine schaffen und den Schatz finden!"

Unverdrossen setzt Anna am nächsten Tag die Suche fort. Alleine kann sie das Floß nicht zur Insel steuern. Weil aber der See ziemlich flach ist, reitet sie einfach durchs Wasser zur

Schatzinsel hinüber. Bobo schwimmt artig hinterdrein.

Bald muß aber auch Anna einsehen, daß die Suche nach dem rätselhaften Räuberschatz sinnlos ist. Sie will bereits aufgeben, da sieht sie etwas auf dem Waldboden blinken: was Piraten-Anna unterm Baum aufhebt, ist eine mit Edelsteinen besetzte Brosche.

„Das ist wirklich sehr, sehr merkwürdig...", grübelt das Mädchen, als Bobo mit einem Male aufgeregt nach oben kläfft.

Was ist denn?" fragt Anna ihren Hund und sieht über sich eine große

Elster sitzen. Der Vogel schimpft ebenso aufgebracht zurück. Wieder grübelt Anna, während Bobo und die Elster lautstark miteinander zanken. Dann hat das Mädchen einen ungewöhnlichen Gedanken.

Ohne Pony Peter hätte Anna es bestimmt nicht geschafft, den Baum zu erklettern. Von Peters starkem Rücken aus schafft es das Mädchen jedoch, die untersten Äste zu ergreifen. Dann ist es leicht, immer höher in das Astwerk zu klettern.

Papa hatte nämlich mal erzählt, daß Elstern gerne Glitzerkram stibitzen. Annas Überlegung ist ein Volltreffer:

Gar nicht so weit oben im Geäst findet sie das Nest des schimpfenden Vogels. Es ist voller funkelnder Dinge: Glasscherben, Kaugummipapier, Blechknöpfe und – natürlich – allerlei Schmuckstücke, vom Goldring bis zur perlenbesetzten Krawattennadel. „Das ist also der Piratenschatz!" lacht das Kind. Dann sagt Anna zu dem meckernden Glitzerkramräuber: „Sei mir nicht böse, du hübsche diebische Elster. Aber den Schmuck mußt du wieder hergeben. Den anderen Krimskrams kannst du gerne behalten."

„Da war also doch ein Piratenschatz auf der Insel!" staunen die Spielgefährten. Daraufhin berichtet sie der verblüfften Jungenschar, wie sie mit Peters und Bobos Hilfe das Elsternnest gefunden hat. Annas Einfall, einen Seeräubermarkt zu veranstalten, finden die Freunde super.

Die Eltern und Nachbarn staunen nicht schlecht, als sie zum Piratenfest kommen.

„Herrje! Da ist ja mein alter Verlobungsring!" jubelt eine ältere Dame. Sie zahlt den Kindern sogar einen Finderlohn.

Mit viel Freude und Hallo gelangen längst verloren geglaubte Ringe, Reifen und Kettchen wieder in die Hände ihrer Besitzer. Sogar Opa Bauer entdeckt seine alte Krawattennadel. Als zum Schluß ein hübscher Anhänger übrigbleibt, sagt Opa Bauer:

„Ich glaube, wir sind uns alle einig. Den Anhänger sollte unsere pfiffige Piraten-Anna zur Erinnerung an die abenteuerliche Schatzsuche behalten dürfen!"

Popp, der kleine Drache

Die abenteuerliche Floßfahrt

Auf einem Hang am Rande des Waldes scheint morgens zuerst die Sonne, und bald darauf funkelt der Tau an Gräsern und Büschen. Eidechsen huschen durch das dichte Kraut von Brombeeren, Weidenbüschen und Ginster. Goldkäfer rennen über den warmen Sand auf der Suche nach Raupen. Ein paar wilde Bienen summen um die Blüten.

Hier auf dem Hügel oberhalb des Bergsees treffen wir auf Popp. So heißt ein Drachenjunge, der in unseren Geschichten die tollsten Abenteuer erlebt. Mit ihm wird es nie langweilig. Aber Popp ist nicht allein. Er hat noch drei Geschwister. Da wäre zuerst Lisa, seine Schwester, und natürlich die beiden Brüder Happy und Troll. Hier am Hang wohnt also Familie Drache. Fehlen noch Vater Ferdinand aus dem Geschlecht der Drachen von Silberzahn und seine Frau Emilie.

Eigentlich muß ich noch früher mit dem Erzählen anfangen. Vor allem, warum Popp „Popp" heißt, und natürlich, warum er einen so ollen, knallroten Schal umhat!

Es war an einem sehr kalten Wintertag. Der Wind pfiff durch die Drachenhöhle, und Vater Ferdinand Silberzahn hatte alle Hände voll zu tun, es seiner noch kleinen Familie behaglich warm zu machen. Vor einigen Wochen hatte Frau Silberzahn nämlich ihr erstes Kind bekommen, und es war ein Junge. Vater Ferdinand war natürlich sehr stolz darauf, doch machte der Kleine ihm auch gewisses Kopfzerbrechen.

Nach den ersten Tagen, als sein Sohn auf der Welt war, kitzelte Vater ihn des öfteren am Kinn. Das muß man so machen bei kleinen Drachenkindern, um zu probieren, ob eins auch Feuerspucken kann. Doch das einzige, was passierte, war, daß sein Sohn durch das Kitzeln immer wieder kicherte und dabei so ähnliche Töne wie „Plopp-popp-popp!" herausbrachte. Darum nannte der Vater seinen Sohn ab sofort „Popp". Doch damit war das Problem Feuerspucken noch nicht gelöst.

„Vielleicht kommt es durch seine Erkältung", sagte die Mutter. „Ich habe ihm zwar einen dicken Schal um den Hals geknotet, doch bei diesem verflixt kalten Winter kann das noch eine langwierige Sache werden."

„Oh, das wäre traurig, wenn unser Sohn kein Feuer spucken könnte", sagte Vater. „Er muß auf jeden Fall seinen Schal immer schön umbehalten, sonst klappt es wahrscheinlich nie mehr!" Die Zeit verging, und aus Popp wurde ein großer Drachenjunge, der immer zu Streichen aufgelegt war. Mit dem Feuerspucken ist es immer noch nichts. Doch seinen roten Schal trägt er noch.

Wiederum sind einige Jährchen vergangen, und Familie Silberzahn hat sich doch beträchtlich vergrößert. Vier Drachenkinder strolchen nun durch die Wälder. Das ist auch viel interessanter, vor allem mit Popps verrückten Ideen. So auch an diesem Morgen. Die Sonne war schon sehr warm, und Popp räkelte sich auf einem Felsvorsprung, seinem Lieblingsplatz. Von hier oben hatte er einen herrlichen Ausblick auf den

Bergsee. Auf der einen Seite lagen steile Hänge, gegenüber aber waren seine Ufer flach, und das Wasser war schön warm.

Nach dem Sonnenbaden ging Popp zum See zu seinen Geschwistern. „Ich habe eine tolle Idee!" rief Popp schon von weitem. „Kommt, wir bauen uns ein Floß!"

Gesagt, getan.

Begeistert schleppten sie vier dicke Baumstämme heran, banden sie mit Weidenruten zusammen, und als das getan war, zerrten sie das Ungetüm ins Wasser. Denn was Popp sich in den Kopf gesetzt hatte, das mußte auch funktionieren. Und siehe da, schon bald schwamm es im See.

Das Floß ließ sich prima paddeln und staken. Das ging langsam, aber keiner hatte es eilig. Die Eltern wußten, wo ihre Kinder waren, und vor dem Abendbrot wurden sie zu Hause nicht erwartet. Noch nie hatten sie den See erforscht, und die vier Drachenkinder stießen ihr Floß voller Erwartung vom Ufer ab. Popp stand dabei hinten und steuerte mit einer langen Stange. Happy und Lisa saßen links und rechts und halfen beim Rudern mit. Nur Troll saß vorne im Bug und dirigierte sie durch die seichten Stellen hindurch. Sie wollten den See in seiner ganzen Breite überqueren. Das war anstrengend, und sie wechselten sich gegenseitig beim Steuern und Rudern ab. Plötzlich sahen sie einen Zwergtaucher, und sie ließen sich auf ein kleines Wettschwimmen ein.

Dieser tauchte und schwamm unter Wasser so weit fort, daß die vier gewaltig rudern mußten, um ihn wieder einzuholen. Als die Drachenkinder das Spiel aufgaben, bemerkten sie erst, daß sie in seichtem Wasser auf Grund gelaufen waren.

Daraufhin stiegen Popp und Happy ins Wasser. Es ging ihnen kaum bis zum Bauch, und der Grund war sehr schlammig. Happy griff in den schwarzen Schlamm und warf eine Handvoll nach Popp. Das war so lustig, daß Lisa und Troll auch mitmachten. Es begann eine riesige Schlammschlacht, und als sie auf das Floß zurückgeklettert waren, waren alle von Kopf bis Fuß schwarz. Nun stellten sie sich als schwarze Piraten vom Drachensee vor, und der Schilfwald wurde zum Dschungel mit wilden Tieren.

Im gleichen Augenblick schrie Lisa „Riesenschlange voraus!"

Tatsächlich! Da schwamm eine Schlange – und wie schnell! Die Drachenkinder wußten natürlich alle: Eine Ringelnatter konnte einem Drachen kaum gefährlich werden, und als Popp sagte: „Jetzt schwimmt sie ans Ufer und fängt sich einen Bären", da lachten sie. Solch ein Sommertag – ja, das macht richtig Spaß. Dennoch, ihr Floß war gestrandet!

„Wir müssen vom Floß runter", sagte Popp. „Wir schieben, und Troll steuert!" Als Popp in den See sprang, sackte er tief ein. „Vorsicht, hier ist weicher Schlamm!" schrie er. Als sie ihn wieder aufs Floß zogen, war Popp mit noch mehr schwarzem Schlamm bedeckt.

„Also, hört mal her", sagte Popp, „irgendwie müssen wir ja hier wegkommen. Aber wie?"

„Alle raus und schieben!" Alle vier sprangen über Bord, und sie sanken wieder ein im Schlamm.

„Und was machen wir nun?"

„Alle Mann zurück an Bord!" spaßte Happy. „Wir müssen beraten, wie's nun weitergeht!" Aber man merkte seiner Stimme an, daß er etwas Angst hatte. Und plötzlich hatten alle vier Angst.

„Einer muß sich bis ans Land durchschlagen und Hilfe holen."

„Ich werde es versuchen", sagte Happy. „Hier können wir keine Wurzeln schlagen."

Daraufhin umfaßte Happy einen Baumstamm des Floßes mit seinem Drachenschwanz und ließ sich langsam ins Wasser gleiten. Er versuchte sehr flach zu schwimmen, und es klappte. Dann ließ er das Floß los und schwamm auf das Uferschilf zu. Daran hielt er sich fest. „Ich versuche hier durchzukommen. Und dann hole ich Hilfe", rief er zurück.

Nach einer halben Stunde bewegte sich etwas am Ufer! Es war Happy, doch er war allein.

„Was ist los? Wo ist unsere Hilfe?" rief Popp ihm zu.

Ganz außer Atem kam Happy aufs Floß zurück. „Da ist nichts zu machen. Ein riesiger Schilfwald ist dort hinten, dazu Schlamm und noch mal Schlamm. Mensch, bin ich froh, daß ich wieder hier bin!"

Nun lachte keiner mehr an Bord. Sie saßen mächtig in der Patsche. Doch Popp wäre nicht Popp, wenn er da keine Lösung wüßte.

„Wenn wir drei, Happy, Lisa und ich, uns ganz hinten aufs Floß stellen, verlagert sich das Gewicht, und das Floß ragt vorne aus dem Wasser. Dann kann Troll, weil er der leichteste von uns ist, das Floß bequem mit einem Staken umdrehen, bis wir wieder freies Wasser unterm Kiel haben."

Lisa meinte: „Also ehrlich, Popp, deine Ideen waren auch schon mal besser."

„Es muß klappen", sagte Popp. „Wir müssen es einfach probieren!"

Die drei rutschten ganz hinten ins Floß, und siehe da, langsam hob sich der Bug mit Troll aus dem Wasser, und er begann mit dem Staken. Als es dämmerte, hatten sie wieder freies Wasser unter dem Kiel. Nun setzte Troll sich wieder vorne hin und beobachtete das Wasser genau, damit so etwas nicht noch einmal passierte. Langsam näherten sie sich dem Ufer, von dem sie losgefahren waren. „Wir müssen uns langsam auf den Heimweg machen", sagte Lisa. „Vater und

Mutter werden uns eine schöne Standpauke halten – und außerdem friert es mich."
Langsam versank die Sonne, und die vier gingen zur Drachenburg. Von weitem sahen sie schon das Höhlenfeuer.

Nach dem Abendbrot verkrochen sich alle vor dem grollenden Drachenvater in ihre Betten. „Psst, hört mal her!" flüsterte Popp. „Wir setzen uns noch eine Weile ans Fenster!" Ruhig lag der See zwischen den Hügeln, und man sah sogar das selbstgebaute Floß am Ufer liegen. Was würden sie damit noch alles unternehmen können!

Das Geschenk

An einem warmen, sonnigen Morgen saßen Popp und sein Bruder Happy gelangweilt vor der Höhle herum. Der Rest der Familie war in aller Frühe zum Besuch der Verwandtschaft aufgebrochen. „Daß ihr nur nichts Verrücktes anstellt!" rief die Mutter ihnen zu, bevor Familie Drache in Richtung Tal verschwand. Doch was sollte man an so einem langweiligen Morgen schon anstellen? „Wir wären doch besser mitgegangen, statt hier rumzuhängen", meinte Popp, und Happy antwortete nur: „Hmmm!

Schon möglich!"

„Ich weiß was", sprudelte es aus Popp heraus. „Komm, laß uns doch ein bißchen in den alten Sachen von Großvater Feuerzahn herumstöbern!"

Und schon waren die beiden in der Höhle verschwunden.

Opa Feuerzahn war ein Seemann gewesen wie kein zweiter. Er hatte sämtliche Weltmeere befahren und von jeder Reise irgendein Andenken mitgebracht. Das war schon über über hundert Jahre her, aber die alten Sachen standen immer noch in einem Nebenraum. Popp zündete eine Fackel an, und dann sahen sie in der hintersten Ecke eine große Truhe. Wie magisch angezogen, versuchten die beiden sie zu öffnen und drückten an dem verrosteten Riegel herum. Quietschend öffnete sich der schwere Deckel. „Mir ist gar nicht wohl", flüsterte Happy mit klopfendem Herzen. Nun stand die Truhe offen, schien aber auf den ersten Blick leer zu sein. „Hier unten liegt ein Koffer, Happy. Den nehmen wir raus!" sagte Popp. Gemeinsam betrachteten sie das Ding im undeutlichen Fackelschein.

„F. F., das sind die Initialen von Großvater: Friedrich Feuerzahn..." flüsterte Popp ehrfürchtig. Dann öffneten sie den Koffer voller Spannung. Obenauf lag die alte Seemannsmütze. Happy setzte sie Popp auf den Kopf. „Gut siehst du aus!" feixte er. Nach einem blau-weiß gestreiften Seemannshemd holten sie noch ein Fernrohr, einen Kompaß und eine verschnürte Karte hervor. Hastig löste Popp die Schleife und faltete die Karte auseinander.

„Was ist das?" fragte Happy erstaunt. „Das sieht ja aus wie ... wie eine ... eine Schatzkarte!"

Tatsächlich war auf der Karte eingezeichnet, wo Großvater anscheinend einige wertvolle Sachen in einer Kiste versteckt haben mußte, und zwar ganz in der Nähe ihrer Höhle. Sie glaubten die Landschaft genau zu erkennen.

„Hier, da ist ein Kreuz eingezeichnet", bemerkte Happy. „Das muß die kleine Dracheninsel vor den Klippen sein!"

Sie packten alles bis auf die Karte wieder in den Koffer und studierten sie noch einmal draußen im hellen Sonnenschein. Die Insel war gerade groß genug, damit man dort Verstseck spielen konnte, ohne gleich gefunden zu werden. Hier waren die Drachenkinder oft, es war beinahe „ihre" Insel. Mit den Eltern waren sie auch schon zum Picknick dort gewesen.

Mittlerweile hatten Popp und Happy sich mit Schaufel und Hacke ausgerüstet und waren auf dem Weg zu Vaters Ruderboot.

„Wozu schleppst du auch noch einen Korb mit?" fragte Popp seinen Bruder.

„Da ist Proviant drin! Von der Seeluft bekomme ich immer schrecklichen Hunger!"

„Bist du vielleicht verfressen!" lachte Popp. „Dann setz dich vorne ins Boot und verstaue alles." Popp machte die Leinen los und ruderte mit kräftigen Schlägen Richtung Dracheninsel.

Ob es vielleicht nur ein kleiner Scherz war, den Großvater Feuerzahn sich mit seinen Nachkommen erlaubt hatte?

Wenig später legten sie auf der Dracheninsel an, und sie gingen den Sandweg hinauf zu den alten, knorrigen Bäumen. Dort kamen sie zu dem Schluß, daß die markierte Stelle ganz in der Nähe war, und zwar im Mittelpunkt der drei ältesten Bäume auf dem Hügel. „Laß uns erst eine Pause machen und eine Kleinigkeit essen!" stöhnte Happy.

„Was, noch nichts gearbeitet, und schon hast du Hunger!" staunte Popp. „Na meinetwegen, aber ich fange schon mal an."

Er begann mit dem Ausmessen der Mitte zwischen den Bäumen. „Hier muß es sein", sagte er und begann eifrig zu graben. „Irgendwie unheimlich", murmelte Happy mit halbvollem Mund. „Vielleicht spukt Großvaters Geist hier rum..."

Doch dann schluckte er den letzten Bissen hinunter und half beim Ausheben der Grube.

Die beiden kamen ganz schön ins Schwitzen, doch was tut man nicht für einen wertvollen Schatz...

Nach einer knappen Stunde stieß Popp einen Freudenschrei aus. „Juhuu, hier muß es sein!" Es klang hohl, er kratzte die Erde beiseite, und zum Vorschein kam eine uralte Truhe mit genieteten Beschlägen und einem großen Schloß. Ohne Schlüssel natürlich.

„Und jetzt?" fragte Happy ganz aufgeregt. Popp überlegte kurz, nahm dann die Hacke und zog mit einem kräftigen Ruck das etwas morsche Schloß auf. Vorsichtig hoben sie die Truhe aus der Grube und öffneten sie.

„Ich werd' verrückt!" schrie Popp. „Hat das alte Schlitzohr von Großvater tatsächlich einen Schatz vergraben!"

Ja... Friedrich Feuerzahn hatte auf einen schönen Lebensabend gespart, kam aber allzu früh bei einem Sturm ums Leben und hinterließ Frau und Kinder. Für die alte Karte hatte sich nie jemand ernsthaft interessiert.

Noch ganz durcheinander vor Freude, nahmen Popp und Happy die Schmuckstücke aus der Truhe, außerdem viele Goldstücke, jede Menge Dukaten und eine lange, dicke Perlenkette.

„Mensch, Happy, das wäre das richtige Geburtstagsgeschenk für Mutti nächste Woche."

„Hmmm... jaaa", sagte Happy ganz entrückt. „Komm, wir schaffen die Truhe ins Boot, und dann ab nach Hause, es ist schon spät." An den eisernen Griffen trugen sie die Truhe zum Strand, wuchteten sie ins Boot und ruderten dieselbe Strecke zurück. Am Ufer stellten sie das schwere Ding erst mal auf den Steg und überlegten. „Vater wird Augen machen, wenn er erfährt, was Großvater für ein reicher Drache gewesen ist – und keiner von der Verwandtschaft hat etwas geahnt!"

An den Dünen vorbei schleppten sie die Truhe hoch zum Birkenwäldchen. Nun waren es nur noch wenige Meter bis zur Drachenhöhle. Zu Hause versteckten sie die Truhe erst einmal, denn für die Mutter sollte es ja eine Überraschung werden. Müde von der Schufterei legten sich die beiden vor den Eingang und dösten bald schnarchend ein.

Das Gebrüll von Bruder Troll weckte sie bald auf. „Hallooo! Wir sind wieder dahaaa!"

„Typisch Troll", brummte Popp.

„Wenn man ihn nicht sieht, hört man ihn." Und Troll plapperte vom schönen Besuch bei der netten Verwandtschaft.

Dann kam auch Lisa mit den Eltern um die Ecke. „Na, war's euch schön langweilig? Aber das geschieht euch ganz recht!"

„Im Gegenteil", antwortete Popp und blinzelte. Doch sie verrieten keinen Ton, bevor sie nicht mit Vater gesprochen hatten.

Das ergab sich erst nach dem Abendessen, und Vater staunte nicht schlecht. „Donnerwetter, das muß ich mit eigenen Augen sehen!" Die

beiden gingen mit Vater zum Holzschober und zogen die Truhe aus dem Versteck. Im gleichen Augenblick schaute die neugierige Lisa auch schon um die Ecke. „Zu spät", sagte sie. „Jetzt müßt ihr mich in euer Geheimnis einweihen!"
Auf ihr Versprechen, Mama nichts zu verraten, zeigten die Brüder die Kostbarkeiten in der Truhe. Vater und Lisa waren baff. Staunend und fassungslos betrachteten sie die Kostbarkeiten, zählten die Dukaten und bewunderten den Schmuck.
„Die Perlenkette ist natürlich ein Supergeschenk!" sagte Vater, und auch

Lisa fand die Idee riesig. Hoffentlich verplapperte sie sich nicht bei Mutter!

Endlich war Mutters Geburtstag, Lisa und Troll hatten schon Kaffee gekocht und den Frühstückstisch gedeckt. Ein Strauß stand auf dem Tisch. Popp legte schon mal die Perlenkette zurecht. Da kam Vater mit Mama ins Zimmer. Sie mußte die Augen schließen, und Popp legte voller Stolz die wunderbare Perlenkette um Mutters Hals.

Alle gratulierten ganz herzlich und sangen ein Geburtstagslied. Dann wurde die Geschichte der Schatztruhe erzählt, und Mutter freute sich doppelt – über das schöne Geschenk und über die Erinnerung an ihren Vater, Friedrich Feuerzahn!

Eine dicke Freundschaft

Wer einmal vor einem Elefanten gestanden hat, weiß, daß einem beim Anblick dieses über drei Meter großen Tieres schon ein komisches Gefühl in den Magen fährt. Jeder Elefant ist einmalig, und jeder Elefant ist irgendwie ein Geheimnis – für uns unergründlich. Wenn man aber so einen dicken Kerl zum Freund hat, ist das schon eine tolle Sache. In dieser Geschichte geht es wieder einmal um den jungen Drachen Popp, der geradewegs in ein neues Abenteuer hineingerät.

Es war stinklangweilig, und nichts,

einfach gar nichts passierte. Die Eltern waren mit Troll beim Onkel auf Besuch, Lisa und Happy mit Nachbarkindern im Zeltlager. Unglücklicherweise hatte Popp vom Vater Hausarrest für eine kleine Dummheit bekommen, die er gemacht hatte.
So lümmelte er in den Ästen eines Baumes und überlegte, was er unternehmen könnte. Da hörte er plötzlich ein seltsames Geräusch. Es schien, als käme es von oberhalb der Höhle, wo es keine Bäume mehr gab, sondern nur noch spärliche Büsche und Sträucher. Dort war es ziemlich gefährlich. Denn der Berg war voller Risse und Spalten, die vom Regen ausgespült waren.
Es hörte sich an, als würde jemand jämmerlich auf einer Trompete spielen oder so was. Jedenfalls schlich sich Popp neugierig den Hügel hinauf. Vorsichtig kroch er durchs Unterholz, lugte um einen Felsen und traute fast seinen Augen nicht. Auf einem Felsvorsprung kauerte doch tatsächlich ein kleiner Elefant. Jedenfalls hatte er einen Rüssel wie ein Elefant, jedoch rote Strubbelhaare am Körper und auf dem Kopf einen weißen Schopf! „Irgendwie hab' ich Elefanten anders in Erinnerung", sagte Popp. Recht hatte er. Dieses putzige Wollknäuel war nämlich ein kleines Mammut, Vorfahren der heutigen Elefanten. Wie kam es dort hin, wo es war?
Traurig schaute der Kleine aus, hob ab und zu den Rüssel und trompetete. Dicke Tränen kullerten aus den Augen.
„Hallo! Was machst du denn dort?" rief Popp.

„Endlich!" sagte das kleine Mammut aufatmend. „Ich bin hier am Hang abgerutfcht. Über den breiten Felffpalt kann ich nicht fpringen, hinauf ift zu fteil. Nur du kannft mir helfen!"
„Hmm!" meinte Popp. „Wird nicht einfach sein. Wie heißt du?"
„Jambo ift mein Name!"
„Und ich heiße Popp!"

Dabei hatte Popp gar nicht bemerkt, daß Jambo einen kleinen Sprachfehler hatte. Anstatt eines „s" sprach Jambo ein zartes „f". Jambo wischte sich die letzten Tränen aus den Augen, nun da Popp ihn endlich gefunden hatte. Doch der hatte auch noch keine zündende Idee, wie er den nicht ganz leichten Jambo über die

Felsspalte transportieren sollte. Vor allem, ohne dabei selbst hinunterzufallen!

„Ich hab's!" rief er schließlich und rannte los, um herumliegende dicke Äste herbeizuschaffen. Einen nach dem anderen der etwa gleich langen Äste schob er über die Felsspalte und bastelte so eine recht stabile Brücke. Vorsichtig und ängstlich machte Jambo zwei, drei Schritte, und das war's auch schon. Dankbar umarmte er Popp mit seinem Rüssel. „So, und nun komm erst mal mit", sagte Popp. „Du mußt einen Riesenhunger haben."

Zu Hause gab es wieder ein Problem. Die Küchentür war zu schmal. „So ein Mift, ich paf' da nicht durch – zu dick!"

Jambo suchte sich ein gemütliches Plätzchen draußen vor der Höhle, und Popp brachte ein paar leckere Sachen aus der Vorratskammer hinaus. Gemeinsam ließen sie es sich schmecken.

„Wo wohnst du eigentlich?" fragte Popp seinen neuen Freund.

„Oben hinter dem Berg", antwortete Jambo. „Aber ich weiß den Weg nicht mehr. Mami wird furchtbar böfe fein, weil ich einfach fortgelaufen bin, einem Fchmetterling hinterher. Und dann bin ich abgerutfcht. Kannft du mir helfen, nach Haufe zu finden?"

„Versuchen werde ich es", sagte Popp. „So besonders kenne ich mich zwar nicht aus, und es ist uns verboten, in die Berge zu gehen – zu gefährlich! Aber mein Vater kann sicher helfen, wenn er am Abend heimkommt!"

Bis dahin spielten die beiden Freunde den ganzen Nachmittag, und Popp zeigte dem Kleinen den See und sogar das selbstgebaute Floß.

Staunend hörte Jambo die Geschichte von der abenteuerlichen Floßfahrt.

Dann wollte auch er mit dem Floß über den See fahren, doch Popp erklärte ihm soeben, dafür sei er zu schwer. Aber da stand Jambo schon bis zum Bauch im Wasser und versuchte, auf das Floß zu klettern. Das ganze endete mit einem gewaltigen Bauchplatscher Jambos im Wasser, und das Floß trieb kieloben im See. Nach dem ersten Schreck mußten beide lauthals lachen und lieferten sich eine tolle Wasserschlacht. Bei dem Krach flüchtete eine Entenfamilie vor Schreck ins Schilf. Von dort beäugten sie mißtrauisch das zottelige Wesen.

„Keine Angst!" rief Popp. „Das ist mein neuer Freund Jambo!"

„Kommt her, wir fpielen zufammen!" trompetete Jambo.

„Lieber nicht", schnatterten die Enten und drehten weiter weg ihre Runden.

Popp erzählte Jambo auch von seinem Großvater Friedrich Feuerzahn, dem alten Seemann, und wie sie die alte Schatztruhe auf der Insel gefunden hatten.

„Du haft ef gut", meinte Jambo. „Du haft Gefchwifter. Ich bin allein und weif oft nicht, waf ich fpielen foll. Langweilig ift daf!"

„Nun laß die Ohren nicht hängen, Jambo! Wenn du magst, kannst du immer kommen und mit mir und meinen Geschwistern spielen, wenn Mama es erlaubt!" versprach Popp.

„Mein Mama wäre ficher froh. Wir könnten unf ja abwechfelnd befuchen!" freute sich Jambo.

„Wir wollen heimgehen, meine Eltern werden bald kommen", meinte Popp, und Jambo entgegenete: „O ja – und zu effen könnte ich auch waf vertragen, Fpielen macht hungrig!"

Vor der Höhle hielten Popps Eltern schon Ausschau und staunten nicht schlecht, als sie Popps neuen Freund sahen.

„Wo kommt denn das kleine Mammut her?" wollte Mutter wissen. Popps kleiner Bruder Troll schaute erst mal ängstlich hinter Mutters Rücken hervor. Dann faßte er sich ein Herz, ging zaghaft zu ihm hin und sagte: „Du bist aber groß und stark! Kann man auf dir auch reiten? Ich würde nämlich für mein Leben gern mal reiten, egal auf was!"

„Verfuch ef doch mal!" sagte Jambo und hob Troll mit dem Rüssel ganz vorsichtig auf seinen Rücken. Dann drehte er ein paar Runden vor der Höhle, und Troll quietschte vor Vergnügen. Da war auch die Mutter nicht mehr ängstlich.

Nachdem Popp berichtet hatte, wie er Jambo gefunden und ihm geholfen hatte, sagte Popps Vater: „Das ist ja eine tolle Geschichte. Aber Jambos Eltern werden sich große Sorgen machen, und wir müssen sie benachrichtigen. Es wird schon zu dunkel, um noch den gefährlichen Weg zu gehen!"

Nach einigem Überlegen kamen sie zu dem Entschluß, die Möwe Klara zu Jambos Eltern zu schicken. Sie kannte sich gut aus und war sehr schnell. Also machte sich Klara sofort auf den Weg, um Jambos Eltern auszurichten, daß der Kleine gesund war und bei der Drachenfamilie schlafen würde. Am nächsten Morgen würden sie ihn heimbegleiten. In der Zwischenzeit hatte Mutter das Abendbrot zubereitet, und Vater entfachte mit Popp und Jambo ein kleines Lagerfeuer vor der Höhle. Das war gemütlich und vertrieb auch die Stechmücken. Bald saßen alle um das Feuer und ließen es sich schmecken.

Da kehrte bereits Klara, die Möwe, zurück und berichtete, wie sie die aufgeregte Mutter Mammut beruhigen konnte und auch den Papa überzeugte, daß Jambo hier gut aufgehoben war. „Und recht schönen Dank soll ich noch ausrichten!"

„Ist doch selbstverständlich!" winkte Vater Silberzahn ab. Nach dem Abendessen machte er an einer geschützten Stelle vor der Höhle ein Heulager, und nach einigem Betteln durften Popp und Troll mit Jambo zusammen dort übernachten.

Der Mond stand hoch am Himmel, und man hörte die drei noch lange flüstern und kichern, bis die Müdigkeit sie übermannte.

Am nächsten Morgen waren die drei schon früh auf den Beinen und spazierten zum Wasserfall, um zu duschen und auch die Zähne zu putzen. Denn Zahnpflege ist auch bei Drachen und Mammuts oberstes Gebot. Anschließend machten sie ein Wettrennen zurück zur Höhle, das Popp nur knapp für sich entscheiden konnte. Ihr fröhliches Lachen wurde durch lautes Trompeten unterbrochen. Jambos Mutter erschien auf der Waldlichtung und trottete gemütlich in Richtung Drachenhöhle.

Jambo lief ihr freudestrahlend entgegen und begrüßte sie stürmisch. Nach herzlicher Begrüßung durch Familie Drache lud Popps Mutter zum ausgiebigen Frühstück ein.

Nun wurde Jambos Mutter ganz ausführlich von der Rettungsaktion unterrichtet, und sie bedankte sich ganz herzlich bei Popp, indem sie ihm einen dicken Kuß auf die Wange drückte. Popp wurde im Gesicht ganz rot vor Verlegenheit, und alle lachten.

Bald danach hieß es Abschied nehmen. „Ich lade euch hiermit ein, mit der ganzen Familie das nächste Wochenende bei uns zu verbringen", sagte Jambos Mutter. „Denn so eine dicke Freundschaft, die muß einfach erhalten bleiben."

„Toll! Super!" riefen die Kinder. Dann begleiteten Popp und Troll die beiden noch ein Stück auf ihrem Heimweg. Bei dieser Gelegenheit wollte Troll natürlich noch mal auf Jambos Rücken reiten. Etwas später, oben auf dem Berg, blieben sie noch lange winkend stehen, und Jambo rief von weitem: „Alfo, macht'f gut bif nächftef Wochenende... Tfchüüüf!"

Abenteuer im Regenwald

Nicht nur ihr Menschenkinder freut euch, in Urlaub fahren zu können. Auch die Drachenkinder machen gerne irgendwo Ferien, wo sie sich erholen oder etwas erleben und entdecken können. Da Mutter mit Lisa und Troll wieder mal auf Urlaub bei Verwandten war, schlug Vater den Brüdern Popp und Happy eine Reise in den nahen Regenwald vor. Dabei konnten sie auch gleich den Nahrungsvorrat für den Winter aufbessern. Frühmorgens packten sie ihre Siebensachen und machten sich auf den Weg hinunter zum Fluß.
Jeder nahm seinen Platz im selbstgebauten Einbaum ein. Vater saß ganz hinten und hatte den Überblick. Happy setzte sich in den Bug und beobachtete das Wasser auf mögliche Hindernisse. Popp saß in der Mitte und mußte mit Vater zusammen paddeln.

„Immer schön gleichmäßig!" sagte Vater. Es war ganz schön anstrengend. Bei den Stromschnellen mußte man aufpassen, damit man sich ohne Schaden durch die oft spitzen Steine schlängelte. In der Nähe des Regenwaldes wurde der Fluß ruhiger. So konnten sie die vielfältige Landschaft und die vielen verschiedenen Tiere beobachten.

„Laß uns näher zum Ufer rudern", flüsterte Vater.

„Dort, schaut, eine Löwenfamilie!" rief Popp aufgeregt. Etwas weiter stand eine Herde Zebras und stillte ihren Durst. Dazwischen waren einige Gazellen und Antilopen zu sehen. Nachdem sie Stunden unterwegs waren und die Sonne schon hoch stand, fuhren sie unter den ersten mächtigen Bäumen langsam in den Regenwald hinein. Das Wasser war jetzt ruhig und glatt. Im Schatten der ersten Bäume sah man einige Nilpferde, die ein Bad im warmen Fluß nahmen. „Sie sind so groß und schwer, daß sie sich am liebsten im Wasser aufhalten", sagte Vater. „Sogar ihre Jungen werden im Wasser geboren."

Immer dichter wurden die Bäume,

immer größer die Blätter. Es war feucht und heiß, denn nun war die Gruppe richtig drin im Regenwald. Ganz still lauschten sie nun den Abertausenden von Geräuschen, die sie nie zuvor gehört hatten.

„Schaut euch das an!" rief Popp und deutete auf die Wurzeln der Urwaldriesen. Sie waren oft breit wie Bretter und reichten hoch am Stamm hinauf. Die Gipfel der Bäume schienen in einer anderen Welt zu schweben, so hoch waren ihre Kronen. An einer lichten Uferstelle standen einige Reiher. Popp fuchtelte mit dem Paddel, da hopsten sie durchs seichte Wasser und starteten mit heftigen Flügelschlägen. Immerhin waren sie fast so groß wie Popp.

„Seht mal, bunte Papageien!" rief Vater Silberzahn.

„Und die vielen Fische im Wasser!" sagte Happy.

„Das ist sehr gut", entgegnete Vater und fuhr den Einbaum an einen im Wasser liegenden Baum heran. Da machten sie fest und richteten die Angeln her.

„Hoffentlich beißen sie hier so wie bei uns am See", sagte Popp.

„Keine Bange, lieber Popp. Wir sind schon nicht umsonst hergefahren!" Tatsächlich, schon zappelten die ersten Exemplare am Haken, und was für dicke! Nach einer Weile hatten wir genug gefangen und gingen an einer sandigen Stelle an Land.

Vater machte sich an die Arbeit und säuberte die Fische, um sie über einem kleinen Feuerchen zu räuchern. „Jungs, für den Rest des Tages bin ich hier beschäftigt. Ihr könnt euch jetzt ein wenig die Gegend ansehen. Aber lauft nicht zu weit und zu lange weg, es ist hier nicht ganz ungefährlich. Vor der Dunkelheit seid ihr zurück, wir übernachten gleich hier."

„Keine Sorge!" rief Popp. „Wir als erfahrene Pfadfinder..."

Lachend verschwanden die Brüder im Dickicht des Regenwaldes, balancierten über umgestürzte Bäume, hangelten an Lianen durch das üppige Grün. Sie stiegen auf einen Baum und beobachteten eine Gruppe herumtollender Schimpansen. Das waren vielleicht lustige Gesellen! Und klettern konnten sie... Am leichtesten hatten es freilich die Vögel, denn die breiteten einfach ihre Flügel aus.

„Oh, sieh nur!" rief Happy begeistert.

„Ein riesig großer Schmetterling!" Blau schimmernd gaukelte er an ihnen vorüber.

„Komm, laß uns wieder hinunterklettern", sagte Popp nach einer Weile. Doch das war nicht so einfach. Hinauf war anscheinend leichter als hinunter. Happy klammerte sich an einen dicken Ast und stotterte:

„O... oooh... ich glaube, mir wird schlecht!"

„Ach was", sagte Popp. „Du bist raufgeklettert, also kannst du auch wieder runter!"

„Eben nicht! Mir ist g... ganz schwindelig!"

Unglücklicherweise saß Popp noch einen Ast höher als Happy, konnte also keine Hilfe holen, denn Happy war ja im Weg. Dem war ganz flau im Magen. Jedesmal, wenn er nur hinuntersah, ging nichts mehr. Steif wie festgenagelt hing Happy am Baum.

„Ich hab's!" rief Popp. „So weit sind wir nicht weg von Vater. Wir rufen ein paarmal, dann kommt er uns bestimmt holen!"

Da saßen sie nun mitten im Urwald und brüllten nach ihrem Papa. Es war schon komisch.

Aufgeschreckt durch das laute Rufen, hatten sich die Schimpansen in die Nachbarbäume versteckt. Jeder andere Lärm war verstummt, doch nichts tat sich. „Kein Vater, keine Hilfe", sagte Popp und ließ den Kopf hängen. Die Affen lugten zwischen den Blättern hervor und merkten, daß da was nicht stimmte. Der Anführer hatte als erster den Mut und näherte sich den beiden Urwaldbesuchern.

„Warum schreit ihr denn so rum?" rief er aus einiger Entfernung. „Wer seid ihr, und was macht ihr auf unseren Bäumen?"

„Das einzige, was wir wollen, ist runter von diesem Baum!" antwortete Popp. „Aber meinem Bruder ist schwindelig, er bewegt sich keinen Millimeter. Hast du einen Vorschlag?"

„Hm hm", sagte der Schimpanse. „Das muß ich mal mit den andern besprechen." Dann schwang er sich mit gekonnten Bewegungen hinüber zu seinen Kameraden.

„Gibt acht", meinte Popp. „Denen wird schon was einfallen!"

„Ho... ho... hoffentlich!" stotterte Happy. „Meine Arme und Beine sind schon ganz taub!" Wenig später kamen auch schon drei Affen angesaust, vorneweg der Anführer.

„So, da wären wir", sagte er. „Darf ich vorstellen, Tibo, Toto, und ich bin Chico. Wir werden es mit einer Liane versuchen!"

Popp ging ein Licht auf, und er begriff, was Chico vorhatte.

Ruck, zuck wurde vom Nachbarbaum eine Liane über einen dicken Ast geworfen, eine kräftige Schlinge um Happys Bauch gebunden, und schon war alles zur Rettung vorbereitet.

„So, Happy, jetzt kannst du loslassen," sagte Popp.

„Waaas, lo... loslassen? Ko... kommt nicht in Frage!"

„Doch, laß nur los", beruhigte ihn Chico. „In der Schlinge wirst du hin und her pendeln wie auf einer Schaukel. Und wir lassen dich langsam abwärts gleiten, bis du wieder festen Boden spürst."

Happy schloß seine Augen, biß die Zähne zusammen, und mit seinem letzten Mut und einem lauten Schrei ließ er den Ast los. „Aaaah!" Doch nichts passierte. Nur das, was die Schimpansen vorausgesagt hatten. Hin und her pendelnd ließen sie ihn zu Boden. Nun konnte auch Popp endlich absteigen. Noch wacklig auf den Beinen, bedankte Happy sich herzlich.

„Ich glaube, wir Drachen sollten nicht auf Bäume klettern" bemerkte er kleinlaut.

„Da könntest du recht haben", sagte Chico augenzwinkernd.

„Also nochmals vielen Dank", sagte Popp. „Wir machen uns jetzt auf den Rückweg. Vater wird schon leicht nervös sein..."

Während Tibo, Toto und Chico zu ihrer Horde zwischen Blättern und Ästen verschwanden, machten sich

Popp und Happy auf den Rückweg. In Erwartung eines großen Donnerwetters überlegten sie sich schon die tollsten Ausreden. Doch am Fluß angekommen, staunten sie nur. Vater lag seelenruhig in der Abendsonne und schlief!

„Hallo, Vater!" riefen die beiden. Verschlafen schaute er hoch.

„Nanu, ihr beiden, schon zurück?" Happy und Popp schauten sich verdutzt an und mußten laut lachen, da sie mit einer anderen Reaktion gerechnet hatten. Dann setzten sie sich hin und erzählten ihre Geschichte. Mittlerweile war es dunkel geworden, und die drei saßen am Lagerfeuer. Zum Abendessen wurden die frisch geräucherten Fische probiert. Sie schmeckten wundervoll. Anschließend war Nachtruhe angesagt. Ruhe war wohl etwas übertrieben. Denn mit einem Ohr zumindest waren vor allem Popp und Happy damit beschäftigt, die seltsamsten Tierlaute im Regenwald zu enträtseln. Denn auch des Nachts sind viele Tiere hier im Urwald aktiv und gehen auf die Jagd. Bei diesen ungewöhnlichen Geräuschen einzuschlafen, war gar nicht so einfach. Doch irgendwann hatte sie doch der Schlaf übermannt. Am anderen Morgen wurde die gefangenen Fische und die mitgebrachten Utensilien im Einbaum verstaut, und es ging wieder heimwärts. Diesmal mußte Happy beim Paddeln mithelfen.

Flußaufwärts brauchte man schon etwas mehr Kraft. Deshalb machten sie auch einige kurze Pausen am Ufer. Bei so einer Gelegenheit rannten einige Büffel ziemlich gereizt wie eine Lokomotive auf unsere Freunde zu. Beim Anblick der schnaubenden Nüstern und gesenkten Hörner blieb den dreien nur der Sprung in den rettenden Einbaum.

Der Rest der Fahrt verlief ruhig, und Popp dachte daran, wie schön der Ausflug trotz des kleinen Zwischenfalls mit Happy gewesen war. Hoffentlich blieb dieser wunderbare Regenwald noch lange erhalten, denn Popp war begeistert von diesem herrlichen Fleckchen Erde.

Bobby Biber
Ein Sommermorgen

Ganz langsam blinzelte die Sonne durch den Frühnebel, der sich wie eine weiße Decke über den Waldsee gelegt hatte. Hier und da spiegelten sich wie tausend kleine Lichter die Sonnenstrahlen im klaren Wasser des Sees.

Es versprach ein schöner, warmer Sommertag zu werden. Die Vögel zwitscherten ihre herrlichen Lieder, und die Bienen und Schmetterlinge begannen an diesem Morgen besonders früh mit ihrem Besuch auf der reich blühenden Sommerwiese, die unmittelbar an den kleinen Waldsee grenzte.

Lediglich ein paar uralte, knorrige Eichen versperrten den direkten Blick auf den ruhig daliegenden See. Es war ein stilles, friedliches Bild.

Wenn man genau hinhörte, konnte man ein leises Gluckern und Plätschern des kleinen Baches vernehmen, der sich wie ein langer Wurm durch die Sommerwiese schlängelte und zwischen zwei Birken hindurch in den Waldsee mündete.

Dieser wunderschöne Flecken Erde ist die Heimat unseres Freundes Bobby Biber.

Heute auf den Tag ist es ein Jahr her, daß Bobby Biber mit seinen Eltern hierherkam, da dieses so ziemlich der einzige Ort hier in der Gegend ist, wo eine Biberfamilie in Ruhe leben und ihre Kinderschar großziehen kann.

Hier fühlte sich Bobby von Anfang an sehr wohl, denn es gab für einen kleinen neugierigen Biber, wie er einer war, jede Menge neuer Sachen zu erforschen.

So ein kleiner Waldsee war nicht nur die Heimat unseres Freundes, sondern zugleich Wohnort für viele andere Tiere, mit denen Bobby schon sehr bald Freundschaft geschlossen hatte.

Um nur einige zu nennen, war da sein spezieller Freund Ferdi Frosch, gegen den er bis heute noch nie ein Wettschwimmen gewonnen hatte, was ihn insgeheim manchmal sehr ärgerte.

Dann wären da Erne, die Eule, Fips, das Eichhörnchen, Petz, der Bär, Kolkrabe Hermann, Hase Hoppel, Erpel Friedrich mit seiner Familie und nicht vergessen die Polizei des Waldes, Eichelhäher Karli, der jede Gefahr sofort erkannte und mit lautem Gekrächze die anderen Tiere am See davor warnte.

Dort, wo der kleine Waldsee seinen Ablauf hatte, erhob sich ein riesiger Berg von Ästen und kleinen Baumstämmen, die kunstvoll ineinandergesteckt waren. So staute sich der Bach zu diesem schönen Waldsee, da er durch diese künstliche Staumauer nur langsam ablaufen konnte.

Diese Burg aus Ästen und kleinen Baumstämmen ist das Zuhause von

Bobby Biber und seiner Familie. Die Sonne hatte mittlerweile den Nebelschleier aufgelöst, und vorsichtig prüfend steckte Bobby Biber seine schwarze Nase aus dem Gewirr von vielen Ästen hervor. Dann, mit einem gewaltigen Sprung, hüpfte er auf den höchsten Ast und rief den Rehen am anderen Ufer einen wunderschönen guten Morgen zu. Diese scheuen Gäste am See ließen sich jedoch nicht stören und ästen die frischen, vom Morgentau noch feuchten Gräser.

Dann kletterte er an den Ästen der Biberburg hinab zum Wasser und setzte sich auf seinen Lieblingsplatz, wo er geduldig wartete, bis er mit

Fuß auf den anderen.

Da endlich kletterte auch sein Vater aus der Biberburg und sagte zu Bobby: „So, mein Junge, auf geht's! Wer als erster am anderen Ufer ist, bekommt eine Extraportion Waldbeeren!"

„Nichts leichter als das", sagte Bobby Biber und war schon mit einem Hechtsprung ins kühle Naß eingetaucht. Dabei platschte es so heftig, daß Erpel Friedrich und seine Familie sehr erschrocken waren und mit lautem, aufgeregtem Geschnatter aus dem Wasser aufflogen und sich ins schützende Schilf flüchteten.

Vorsichtig schaute Erpel Friedrich aus dem Schilf und ärgerte sich, wie schon so oft, daß Bobby Biber wieder einmal schuld daran war, daß den Enten vor Schreck das Herz fast stehenblieb.

blitzschnellen Bewegungen einige Fische aus dem Wasser fing, die er dann mit Vater und Mutter zum Frühstück verzehrte.

Da der Morgen sehr schön war, wollten Vater und Bobby Biber ihr allmorgendliches Schwimmen heute durch einen Spaziergang ausdehnen und am anderen Ufer, oben am Waldrand, einige Waldbeeren pflücken. Dort sorgte die Sonne mit ihren Strahlen den ganzen Tag dafür, daß die Waldbeeren besonders groß und saftig werden.

Gern wäre Bobby Biber einmal allein dorthin gegangen, doch bisher hatte sein Vater dies noch nicht erlaubt. Er war noch recht klein und kannte die Gefahren noch nicht.

Bobby Biber freute sich riesig und hüpfte bereits ungeduldig von einem

Er beruhigte seine Kükenschar und schwamm mit ihnen auf die gegenüberliegende Seite des Sees, um dort nach Nahrung zu gründeln.

Vater Biber lachte und schwamm seinem Sohn gemächlich hinterher. Natürlich war Bobby der erste, kletterte leicht außer Atem ans andere Ufer und setzte sich zwischen einigen Farnsträuchern auf einen Stein, wo er auf seinen Vater wartete.

Es dauerte doch noch etwas, bis Vater die Strecke zurückgelegt hatte, denn er genoß das kühle Bad an diesem schönen Morgen besonders ausgiebig.

„Was ist los, Papa?" rief Bobby Biber. „Mach schneller! Das ist ja kein richtiges Wettschwimmen!""

„Immer mit der Ruhe", sagte Vater Biber und schwamm mit gleichmäßigen, kräftigen Zügen um die Schilfbüsche herum ans Ufer. „Toll, mein Junge! Aus dir wird bestimmt mal ein ausgezeichneter Schwimmer. So kannst du es eines Tages ruhig noch mal auf ein neues Wettschwimmen mit deinem Freund Ferdi Frosch ankommen lassen. Dann wirst du ihm mit Sicherheit überlegen sein! Da bin ich mir absolut sicher!"

Als beide nun am Ufer standen, schüttelten sie sich recht kräftig, damit auch die letzten Wassertropfen aus ihrem Fell herausflogen. Auch ihre Hosen, die Mutter Biber aus zwei alten Tischdecken, die im Wald von den Menschen beim Picknicken vergessen worden waren, zusammengenäht und aus den übriggebliebenen Teilen sehr kunstvoll mit Weidenzweigen verstärkt zwei tolle Mützen für ihre beiden Männer angefertigt hatte, triefen nur so von Wasser und wurden sorgfältig ausgewrungen, damit sie einigermaßen trocken waren. Den Rest besorgte die doch schon kräftig gewordene Sommermorgensonne.

Dann gingen beide an den alten Eichen vorbei zum dunklen Tannenwald, wo die besten Waldbeeren der Gegend zu finden waren. Oben am Tannenwald nahm Vater Biber ein großes blaukariertes Taschentuch, das er sich vorsorglich mitgenommen hatte und sogar noch ein Erbstück seines Großvaters aus den

Bergen war, breitete es auf dem Waldboden aus, und beide begannen fleißig die Waldbeeren zu pflücken, die Bobby so gerne mochte. Sie waren dieses Jahr aber auch besonders groß und saftig, und wenn Vater mal nicht hinschaute, stopfte er sich einige Beeren davon schnell, aber genüßlich in den Mund.

„Ein schönes Plätzchen", sagte Vater Biber. „Und so ruhig ist es hier. Ganz wundervoll."

Bobby jedoch beachtete nicht die wunderschöne Gegend, sondern hatte nur noch Augen für die wohlschmeckenden und duftenden Waldbeeren.

„He, ihr da!" schnatterte eine Vogelstimme in die herrliche Ruhe. „Laßt mir auch noch welche übrig!" rief Wilma, die Amsel, von der Tannenspitze, flog herab und setzte sich elegant auf Bobby Bibers rot-weiß karierte Mütze.

„Nun reg dich nicht auf, Wilma!" sagte Vater Biber. „Es sind genug für alle da!"

Wilma, die Amsel, hatte kein Taschentuch zum Einsammeln der Waldbeeren dabei, da dieses sie doch zu sehr beim Fliegen gestört hätte. Also setzte sie sich auf einen großen Stein und aß so viele Waldbeeren auf einmal, daß sie kaum noch fliegen konnte.

„So, den Rest könnt ihr mitnehmen", sagte sie. „Für heute bin ich fürs erste versorgt. Macht's gut bis morgen!" Dann flog sie etwas behäbig auf den nächsten Baum und pfiff ein fröhliches Lied.

„Ich glaube, wir haben genug gesammelt", sagte Bobbys Vater und knotete das Taschentuch so zusammen, daß keine Waldbeere herausfallen konnte.

Dann steckte er es auf einen abgebrochenen Ast und gab ihn Bobby, der ihn stolz über seinem Rücken nach Hause trug.

Langsam schlenderten sie noch ein Stück durch den herrlichen Tannenwald, wo es nach feuchtem Moos und vielen Pilzen roch, gingen dann den Hügel zum See hinunter, um den Rundweg am Schilf vorbei in Richtung Biberburg zu benutzen.

Hier hielt Vater Biber immer Ausschau nach neuem Baumaterial für ihre Burg, die das ganze Jahr über hier und da immer ein wenig ausgebessert werden mußte.

Als sie in die Nähe der Biberburg kamen, steckte Bobby seine Nase in den Wind und leckte sich seinen Mund, denn es roch nach seinem Lieblingsgericht, nämlich Fischsuppe.

Mutter wartete schon und rief von weitem: „Ah, da seid ihr ja! Das Essen ist fertig! Zur Überraschung habe ich heute eine feine Fischsuppe gekocht, und als Nachtisch gibt es eure hoffentlich mitgebrachten Waldbeeren."

Beide balancierten über den alten abgebrochenen Baumstamm, um von dort auf die Biberburg zu springen. Dann begaben sie sich schnell zum Mittagessen, denn sie hatten einen mächtigen Hunger.

Reparatur am Biberbau

Blitze zuckten vom Himmel, und schwarze Wolken zogen über den kleinen Waldsee. Der Wind fegte durch die Bäume und wirbelte Äste durch die Luft. Das Wasser des Sees war aufgewühlt und übersät mit Schaumkronen. Mitten in diese unheimliche Stimmung begann es wie aus Eimern zu regnen.

Dicke Tropfen platschten ins Wasser und trommelten auf die Blätter der umliegenden Bäume, daß es nur so rauschte.

„Krawum!" Schon wieder hatte der Blitz irgendwo eingeschlagen und wurde von einem lauten, lang anhaltenden Donnern begleitet. Alle Tiere am kleinen Waldsee hatten sich vor Angst verkrochen. Dieses Unwetter brachte dem kleinen Wiesenbach so viel Wasser, daß er es nicht mehr bewältigen konnte und über seine Ufer trat. Nach einiger Zeit ließ der Regen wieder nach, und auch der Wind legte sich. Der Wiesenbach rauschte zwischen den beiden Birken an der Mündung so stark in den See, daß es nur so schäumte.

Schnell waren die letzten Gewitterwolken verzogen, und es kehrte wieder Ruhe ein am Waldsee. Die Vögel begannen wieder zu zwitschern. Auch unsere Freunde, Familie Biber, hatten sich vor dem Unwetter in die hinterste Ecke ihres Baus verkrochen. Jetzt, wo alles wieder ruhig war, streckte Bobby Biber neugierig als erster seine schwarze Nase aus dem Gewirr der Äste heraus. So hatte er den Waldsee noch nie gesehen. Überall schwammen Äste herum, und das Wasser war gefährlich hoch gestiegen.

Als er sich mit seinem Vater hoch oben auf die Biberburg stellte, sahen sie die Bescherung. Das Hochwasser hatte zwei riesige Löcher in ihren Bau gerissen. Sofort versuchten sie, mit ein paar herumliegenden Ästen die Löcher zu reparieren, was jedoch mißlang.

„Wenn wir nichts unternehmen, dann reißt der Wasserdruck unsere Burg auseinander", sagte Vater Biber. „Wir müssen schnellstens neues Baumaterial heranschaffen. Komm, Bobby! Auf der anderen Seeseite kenne

ich ein paar alte Bäume, die wir holen können."
Schnell kletterten beide an den Ästen des Biberbaus hinab zum Wasser und schwammen quer über den See aufs andere Ufer zu. Am Schilf trafen sie ihren Freund Erpel Friedrich. Dieser war immer noch damit beschäftigt, seine verschreckten Entenkinder zu beruhigen.
„Hallo, ihr beiden!" sagte Friedrich. „Wohin so schnell?"
Noch im Vorbeischwimmen rief Bobby ihm zu: „Keine Zeit, lieber Fried-

rich! Unser Bau ist vom Hochwasser stark beschädigt, und wir müssen neues Baumaterial besorgen! Dafür sind wir so in Eile!"

„O weh!" sagte Friedrich. „Das muß ich mir unbedingt ansehen. Also bis nachher." Dann schwamm er in Richtung Biberbau davon. Kurz darauf kletterten Bobby Biber und sein Vater leicht außer Atem am anderen Ufer an Land und machten sich direkt auf den Weg zu den Bäumen, die Vater Biber ausgesucht hatte.

Während sie durch den Wald gingen, erzählte Vater Biber seinem Sohn Bobby von einem ähnlichen Unwetter, als er noch klein war. Während ihres Gesprächs gingen beide noch ein Stück am See entlang und überquerten die nach dem Gewitter sehr naß gewordene Sommerwiese. Auch das Wasser im Bach war gewaltig angestiegen, und er überspülte große Teile der Wiese.

Über einen Baum, der wahrscheinlich vom Sturm abgebrochen war und sich dabei quer über den Bachlauf gelegt hatte, balancierten sie sehr geschickt hinüber auf die andere Seite.

„Von hier aus ist es nicht mehr weit", sagte Vater Biber. „Da vorne, schau, dort stehen die Bäume!"

Bobby war als erster da und erkannte, daß sie wohl ihren Plan ändern mußten. Er sah oben in den Ästen der ausgesuchten Bäume seine Freunde Fips, das Eichhörnchen, und Erna, die Eule.

„Ja, was macht ihr denn hier?" fragte Bobby Biber.

„Wir wohnen hier", sagte Fips. „Hier oben habe ich ein ideales Astloch gefunden und bin nun seit einigen Wochen Nachbar der ehrenwerten Erna Eule."

„Ja, ja", sagte Erna, „ich bin ganz froh, daß ich Gesellschaft bekommen habe. Das ist schließlich auch viel netter."

„Oje", sagte Bobby. „Dort hinten kommt mein Vater, denn wir wollten diese Bäume abholzen, um sie zur Reparatur an unserem beschädigten Biber-Bau zu verwenden. Da müssen wir uns sicher was einfallen lassen."

Inzwischen war Bobby-Vater auch eingetroffen und überblickte gleich die Situation. „Halb so schlimm", sagte er. „Weiter unten am See stehen noch einige Bäume, die wir zur Reparatur verwenden können. Komm, wir gehen dorthin!"

„Macht's gut, ihr beiden!" rief Bobby Biber. „Und noch viel Spaß in eurer Wohngemeinschaft!"

Recht froh über die Entscheidung der beiden Biber, sagte Fips: „Unsere Biber sind doch zwei richtig feine Kerle!"

Endlich bei den richtigen – Gott sei Dank unbewohnten – Bäumen angelangt, erklärte Vater Biber seinem Sohn Bobby, wie man beim Abnagen eines Baumes vorzugehen habe.

„Dabei ist schon so mancher unvorsichtige Biber verletzt worden, denn ganz ungefährlich ist das nicht", sagte Vater Biber. „Du mußt beim Abnagen genau darauf achten, daß er nach Möglichkeit in die gewünschte Richtung fällt."

Bobby staunte nicht schlecht, als der Baum nach kurzer Zeit ächzend und mit einem gewaltigen Platschen ins Wasser fiel. Dann versuchte auch Bobby sein Glück. Er brauchte gegenüber seinem Vater noch etwas länger, denn seine Zähne waren noch nicht so fest und stark.

Jedoch war Vater voll des Lobes über Bobbys Arbeit, und schon bald fiel der etwas kleinere Baum ebenfalls in den See, wobei es fast genauso heftig platschte wie bei Vaters Baum.

„Jetzt müssen die Äste noch abgenagt werden", sagte Vater Biber. „Sonst können wir die Bäume nicht richtig transportieren. Die Äste und Zweige holen wir später!"

Das war die richtige Arbeit für Bobby Biber. Hier konnte er zeigen, was seine Zähne schon zu leisten vermochten. Außerdem mußte ein großer Teil von den Ästen unter Wasser abgenagt werden. Aber dies war kein Problem für so einen guten Schwimmer und Taucher wie Bobby.

Als die Baumstämme nun frei im Wasser lagen, war es möglich, sie zu bewegen und zur Biberburg zu schleppen. Trotzdem hatte Bobby Schwierigkeiten mit seinem abgenagten Baum, denn er war doch noch etwas zu schwer für ihn.

„Laß ihn liegen!" sagte Vater Biber. „Wir holen ihn nachher mit den Ästen. Fürs erste reicht einmal dieser große Baum. Komm, wir schleppen ihn gemeinsam zu unserem Bau!"

Mit kräftigen Schwimmbewegungen ging es nun in Richtung Biberburg.

Als beide am Schilf vorbeischwammen, sahen sie Ferdi Frosch, der mit seiner klebrigen Zunge einige unvorsichtige Mücken fing und zum Frühstück verspeiste.

„Hallo, Bobby Biber! Hallo, ihr beiden! Quak! Wohin so eilig, quak? Hättest du jetzt Lust auf ein spannendes Wettschwimmen?"

„Keine Zeit, lieber Ferdi. Mein Vater

und ich müssen unseren Biberbau reparieren. Aber wenn es dir recht ist, dann können wir uns ja heute nachmittag an gewohnter Stelle bei den alten Eichen treffen", sagte Bobby.

„Quak, quak, ist gut", sagte Ferdi Frosch. „Also bis dann!"

In diesem Moment schnellte seine Zunge wieder einmal hervor, und er verschlang eine dicke, fette Sumpffliege.

Endlich am Biberbau angekommen, begann Bobby unter fachgerechter Aufsicht seines Vaters mit dem Zerkleinern des Baumstammes. Nach einer Weile half auch sein Vater mit, und beide mußten sehr genau arbeiten, damit nicht schon beim nächsten kleinen Gewitter wieder eine Reparatur fällig war.

Es war ein großes Stück Arbeit, bis der Baum in viele kleine Teile zerlegt war. Überall, wo das Wasser herausschoß, wurden erst einmal ein paar grobe Äste von Vater Biber eingesetzt. Währenddessen transportierte Bobby Biber die abgenagten Äste zum Bau. Diese wurden nun in einer Art Flechtwerk mit den größeren Baumstücken zusammengebunden. Diese Arbeit bedurfte größter Sorgfalt, und Bobby gab sich auch alle Mühe, es seinem Vater gleichzutun. Immer weniger rann das Wasser durch die schadhaften Stellen, und schließlich verrann es gänzlich.

„Sicherheitshalber holen wir noch den zweiten Baumstamm", sagte Vater Biber. „Als zusätzliche Verstärkung. Sicher ist sicher!"

Also schwammen beide noch mal zum anderen Ufer, schleppten den Baum zum Biberbau und verrichteten noch die restliche Arbeit.

Anschließend betrachteten sie ihr Werk, und Vater Biber sagte erleichtert: „So, das hätten wir geschafft!" Auch die Stockenten, mit Erpel Friedrich vornweg, kamen angeschwommen und begutachteten die gelungene Reparatur.

„Das ist ja gerade noch einmal gutgegangen!" sagte Friedrich. „Ich hätte nicht gedacht, daß du das Flechten der Äste und Zweige schon so gut beherrschst, lieber Bobby!"

„Ha, gelernt ist gelernt!" sagte Bobby Biber voller Stolz.

„Ich muß es auch bestätigen", sagte Vater Biber. „Du warst mir eine große Hilfe. Mit unserer zusätzlichen Sicherung wird unsere Biberburg bestimmt ohne Schaden überstehen." Stolz legte Vater Biber seinen Arm um seinen Sohn und sagte: „Komm, Mutter hat schon gerufen! Ich habe einen Bärenhunger."

„O ja!" sagte Bobby Biber. „Nach solch einer Arbeit schmeckt es einem bestimmt doppelt so gut."

Und beide gingen zum wohlverdienten Mittagessen.

Bobby Biber und seine Freunde vom Waldsee

In der Falle

Es war noch früh am Morgen. Nebelschwaden zogen über den See, es war schon merklich kühler geworden, und der Herbst nahte. Wenn jedoch die Sonne durch den Nebel blinzelte, versprach es doch ein warmer Spätsommertag zu werden. Bobby Biber beschloß, heute einmal allein einen Waldspaziergang zu machen. Er war nun schon zwei Jahre alt und, wie kleine Biber nun mal sind, sehr neugierig und voller Tatendrang.

Noch beim Frühstück meinte Vater Biber, daß Bobby schon viel von ihm gelernt habe und daß er nicht unbedingt überall auf ihn aufpassen müsse. „Besuche deine Freunde ruhig allein. Sei aber trotzdem vorsichtig!" Mutter Biber packte noch seine Provianttasche.

Dann verabschiedete er sich und balancierte über einen Ast, der bis ans Ufer reichte. Von dort hüpfte er ins weiche Gras. Seinen Eltern noch einmal zuwinkend, spazierte er am hohen Schilf vorbei in Richtung Tannenwald.

Im Spätsommer ist der Wald besonders schön. Überall leuchteten die roten Preiselbeeren aus dunkelgrünen Sträuchern. Reife Brombeeren und die nicht minder schön aussehenden Himbeeren verlockten Bobby Biber, hier und da eine Minute zu verweilen, damit er einige davon naschen konnte. Gemütlich schlenderte er am See entlang. Dort traf er im Schutz des hohen Schilfs versteckt die Wildenten. Diese waren noch sehr müde.

„Guten Morgen, ihr Schlafmützen!" rief Bobby.

Erpel Friedrich staunte. „Was machst du so früh auf den Beinen?"

„Ich unternehme meinen ersten Spaziergang allein, lieber Friedrich!" verkündete Bobby. „Ich werde de Wald einmal rund um den See erkunden. Da gibt es bestimmt einige Sachen, die mich interessieren!"

„Das hätte ich mir in meiner Jugend nicht erlauben können", sagte Friedrich und schüttelte seine noch müden Flügel. „Für mich wäre das viel zu gefährlich gewesen. Auch heute noch bin ich als Anführer meiner Gruppe darauf bedacht, daß wir zusammen einen Ausflug unternehmen!"

„Ach, was soll schon passieren!" winkte Bobby ab. „Mach's gut, du Angsthase, und sieh nicht immer gleich so schwarz!"

Von hier verließ Bobby den Rundweg

am See und stieg hinauf in den dunklen Tannenwald. Dabei wurde ihm doch ein bißchen komisch, so ganz allein. Er blieb stehen, blinzelte in die aufgehende Sonne. Der Waldsee erschien in goldenem Glanz. Ganz hinten, am Überlauf, sah er sogar die Biberburg.

Plötzlich ertönte über ihm ein lautes „Krah, krah!". Ziemlich erschrocken sah Bobby nach oben und entdeckte Hermann – den wohl frechsten Raben am Waldsee.
„O Hermann!" rief Bobby. „Wie kannst du mich so erschrecken?"
„Wohin des Weges, mein Freund?"

krächzte Hermann.
„Ich mache heute einen Ausflug um den See", erwiderte Bobby. „Willst du mich ein Stück begleiten?"
„Nein", rief Hermann, „ich muß erst mal kräftig frühstücken!"
„Das trifft sich gut", erwiderte Bobby. „Komm, setz dich zu mir, wir frühstücken gemeinsam!"

Das ließ sich Hermann nicht zweimal sagen. Er setzte sich neben Bobby Biber, der schon fleißig seine Proviantstasche auspackte.
Hermann konnte die leckeren Sachen gar nicht erwarten, doch als Bobby seinen getrockneten Fisch aus der Tasche holte, fing der Rabe fürchterlich an zu schimpfen.

„Was, das soll ich essen? Diesen stinkenden Fisch? Nein, danke, da ziehe ich lieber leckere Beeren vor und zum Nachtisch ein paar dicke Würmer!"

„Warte doch ab", sagte Bobby. „Wäre dieser Apfel was für dich?"

„Na, von mir aus", maulte Hermann, und schon hackte er mit seinem Schnabel Stückchen aus dem Apfel, während Bobby heißhungrig die getrockneten Fische in sich hineinstopfte.

Nach einer Weile sagte Bobby: „Ich muß jetzt weiter, lieber Hermann. Ich will gegen Mittag oben an der Quelle sein, meinen Freund Micky Igel treffen."

„Ach ja, der stachelige Micky", krächzte Hermann. „Grüß ihn von mir! Ich besuche ihn im Herbst wieder, nach seiner Apfelernte."

„Du denkst wohl immer nur ans Essen", sagte Bobby, bevor er freundlich winkend im Tannenwald verschwand.

Im Wald war es noch sehr frisch, doch Bobby vergaß bald seine anfängliche Angst vor dem dunklen Wald. Bald erreichte er eine herbstliche Wiese. In der Nähe mußte Mikky Igel seine Wohnung haben. Aus einer Quelle sprudelte das Wasser aus der Erde hervor, floß einen Überhang hinunter und bildete den Wiesenbach. Da sah er auch schon Mikky Igel, der eifrig unter einem Baum beschäftigt war.

„Hallo, Micky!" rief Bobby schon von weitem.

„Ja, das ist eine tolle Überraschung!" erwiderte Micky. „Du hier? Wo sind denn deine Eltern?"

„Ich bin allein hergekommen", sagte Bobby stolz.

„Das ist ja 'n Ding! Aber, komm her und setz dich zu mir! Ich bin gerade dabei, mir den Vorrat für den Winter zu sammeln."

„Ich will nicht lange bleiben, lieber Micky. Nur ein wenig rasten, und dann geht's weiter!"

„Warum diese Eile? Du könntest mit mir essen", sagte Micky.

„Ach, weißt du", sagte Bobby, „ich habe gut gefrühstückt, ich verzichte heute auf mein Mittagessen!"

Gern hätte Bobby mit Micky, dem Igel, zusammen gegessen. Äpfel, das ginge ja noch. Aber die dicken, fetten Würmer und Maden, welche Igel so gern essen – igittigitt, nein danke! Darauf konnte er gut verzichten.

So verabschiedete sich Bobby bald mit einer Ausrede und begab sich weiter auf seinen Weg um den Waldsee. Am Ende der Wiese angekommen, stand Bobby plötzlich vor einem steilen Abhang.

„Ach du Schreck! Hier hinunter? Das kann ja heiter werden!"

Da war's auch schon passiert. Bobby geriet ins Rutschen, verlor sein Gleichgewicht. Die Proviantasche

gen? Hmm. Bobby lag da und dachte nach. Dabei hatte der Tag so gut angefangen!

Aufgeschreckt durch das Gepolter hatte der Eichelhäher Karli zu kreischen begonnen. Bobby rief ihm zu: „Beruhige dich! Ich bin's nur, Bobby Biber!"

„Häst dä mäch ärschräckt!" krächzte Karli außer sich. „Kännst dä nächt aufpässän! Änd näch mät dän Bäin äingäklämmt! Wä känn äch där hälfän?"

Na endlich wirst du vernünftig! dachte Bobby. „Du kannst zum See hinunterfliegen und meinem Vater Bescheid sagen. Er wird wissen, was zu tun ist. Und zeige ihm bitte den Weg!"

„Äs gät, Bäbbä! Bän schän äntärwägs!" Schon flatterte Karli davon. Hoffentlich versteht Papa ihn, mit seinem schrecklichen Sprachfehler, dachte Bobby. Doch er ist sehr hilfsbereit.

flog den Abhang hinunter und blieb an einem Ast hängen. Bobby kullerte an Hecken und Sträuchern vorbei, bis er sich in einem Gewirr von Ästen wiederfand.

Für einen Moment war ihm schwarz vor Augen, und er schüttelte sich. Dann bemerkte er, daß er mit dem rechten Bein zwischen zwei Ästen eingeklemmt war, und am Kopf hatte er eine dicke Beule. Dazu hing er so verdreht da, daß er sich unmöglich selbst befreien konnte.

„Auwei, was mach ich nur? Jetzt sitze ich schön in der Falle!"

Er erinnerte sich, daß ein Biber bei Gefahr laut fiepen und mit dem Schwanz aufs Wasser schlagen soll. Fiepen – das ginge ja noch. Aber mit dem Schwanz aufs Wasser schla-

Durch Karlis lautes Gekrächze kamen alle Tiere aus der Nähe zusammen. Aufgeregt beratschlagten sie, wie man Bobby befreien könnte, und jedes hatte eine andere, noch bessere Idee.

Ruck, zuck hatte Karli die Strecke zum See zurückgelegt. Er setzte sich auf die Biberburg und krächzte so laut, daß Bobbys Eltern auf ihn aufmerksam wurden.

„Was ist los, Karli? Du bist so aufgeregt!" fragten Vater und Mutter Biber zugleich.

„Ähr Sähn, ähr Sähn lägt äingäklämmt äm Tännänwäld! Ähr mäßt ähm zä Hälfä kämmän!" brachte Karli heraus.

„Äch kämmä... ich meine, ich komme sofort mit! Flieg vor und zeige mir den Weg zu ihm! Aber nicht zu schnell!" entschied Vater Biber. Die Mutter blieb im Bau und bereitete alles für eine Notfallbehandlung vor. Vater Biber schwamm bereits mit kräftigen Stößen quer über den See. Immer voran – Karli, der Eichelhäher. In Windeseile hüpfte Vater Biber über die Wiese zum steilen Hang.

„Na endlich, da seid ihr ja!" jammerte Bobby.

Vater suchte sofort einen handlichen Ast, um mit ihm als Hebel Bobbys Fuß befreien zu können.

„Uuiiijeh!" quiekte Bobby. „Das geht nicht! Es tut zu weh! Uiiih!"

Endlich, mit vereinten Kräften klappte es, und Bobby konnte sein Bein herausziehen.

„Na endlich!" sagte Vater Biber, und ein zufriedenes Aufatmen war von allen Tieren zu hören. Bobby wurde per Huckepack nach Hause getragen. Dort wurde er von seiner Mutter liebevoll verarztet.

„Gott sei Dank!" sagte Mutter. „Dein Fuß ist nicht gebrochen. Nur eine Verstauchung, und das Fell ist etwas abgeschürft. In ein paar Tagen ist es wieder verheilt!" beruhigte sie Bobby. Als nun Bobbys Bein versorgt und verbunden war, legte er sich oben auf die Biberburg. Er streckte sein verletztes Bein auf eine mit Gras gepolsterte Stelle und schlürfte gemütlich einen großen Becher Himbeersaft, den ihm seine Mutter ausgepreßt hatte. Aber eines hatte sich Bobby vorgenommen: „So schnell gehe ich nicht mehr allein in den Wald! Das nächstemal gehen wir auf jeden Fall wieder zusammen!" sagte er zu seinem Vater.

So lag er oben auf der Biberburg und genoß die Strahlen der Spätsommersonne nach diesem für Bobby doch aufregenden Tag.

Bobby Biber
Das Wettschwimmen

Familie Biber saß gemütlich am Mittagstisch und genoß die köstliche Fischsuppe. Zum Nachtisch gab es frische gehackte Rinde. „Nach diesem vorzüglichen Essen sollten wir ein wenig ruhen", sagte Vater Biber und setzte sich mit Mutter Biber draußen in die warme Mittagssonne. Bobby Biber hatte keine Lust. „Ich kontrolliere solange unsere Burg, ob nicht Reparaturarbeiten fällig sind." Die Biberburg ist ein kegelförmiger

schwamm zum vereinbarten Treffpunkt.

Natürlich warteten die Frösche schon ganz ungeduldig auf ihn.

„Bist du gut in Form?" fragte Ferdi Frosch zwischen ein paar Lockerungsübungen. „Sonst verlierst du heute zum viertenmal!"

„Abwarten", sagte Bobby und stellte sich auf den Startplatz.

„Von hier aus schwimmen wir zu den alten Eichen, dann um eure Biberburg, an der Bachmündung vorbei und zurück", erklärte Ferdi.

„Ganz schöne Strecke!" meinte Bobby. „Da bin ich gespannt, wer als erster hier ankommt!"

„Ich natürlich!" quakte Ferdi ganz überheblich.

Ganz allmählich füllte sich das Ufer mit vielen Zuschauern, und alle warteten gespannt, nach dem Startzei-

Haufen aus Zweigen und Ästen, die durch Schlamm und Steine verbunden sind. Die obere Hälfte ragt aus dem Wasser, im Inneren, oberhalb der Wasserfläche, ist die Hauptkammer. Von da führen mehrere Tunnel zu den unter der Wasserfläche liegenden Ausgängen. Es gibt sogar einen Schornstein als Entlüftung. So ein Bau muß natürlich ständig überwacht werden, und Bobby kann das schon allein.

Nach getaner Arbeit kletterte Bobby auf die Biberburg und setzte sich auch ein wenig in die wärmende Mittagssonne.

Plötzlich fiel ihm die Verabredung zum Wettschwimmen mit Ferdi Frosch ein.

Heimlich schlich er sich hinter die Burg, tauchte lautlos ins Wasser und

chen ihren Schwimmer lauthals zu unterstützen.

„Ihr braucht noch einen Schiedsrichter!" rief Erpel Friedrich. „Ich würde Karli, den Eichelhäher, vorschlagen."

„Auf dä Plätze, färtig..." krächzte Karli, und die Schwimmer stellten sich in Position. Doch vor dem „Los!" sprang Bobby vor Aufregung zu früh ins Wasser. „Hält! Hält!" krakeelte Karli. „Näch mäl vän värn!" Und Bobby Biber kletterte unter dem schallenden Gelächter der Zuschauer wieder auf den Startbaum. „Auf dä Plätzä, färtäg, läs!" krächzte Karli erneut, und Ferdi Frosch platschte zusammen mit Bobby Biber gleichzeitig ins Wasser.

Ferdi Frosch hatte schon nach wenigen Metern einen beachtlichen Vorsprung herausgeschwommen. Bobby Biber ließ sich jedoch nicht beirren und schwamm mit gleichmäßigen Zügen hinter Ferdi her. Schon waren sie in Richtung alte Eichen unterwegs, als Bobby langsam, Meter um Meter, gegen Ferdi Frosch aufholte.

„Ich glaube, heute habe ich eine echte Chance gegen dieses kleine Großmaul", dachte Bobby und legte noch einen Zahn zu.

„Was ist los?" rief Ferdi Frosch. „Gibst du noch nicht auf?"

„So eine Frechheit!" dachte Bobby Biber. „Wenn er so überheblich ist, dann muß ich es ganz einfach schaffen!"

Unter den aufmunternden Zurufen ihrer Freunde lagen beide schon bald gleichauf und schwenkten in den Bogen um die Biberburg ein. Mittlerweile hatten Bobbys Eltern seine heimliche Unternehmung mitbekommen, aber sie waren nicht etwa böse, sondern stimmten in die lauten Anfeuerungsrufe der Zuschauer mit ein.

„Los, Junge, zeig, was du kannst!" riefen Vater und Mutter Biber gleichzeitig. „Rette die Biberehre!" Und sie hüpften vor Begeisterung auf ihrer Burg auf und ab.

Bobby hörte das voller Stolz und legte sich noch mehr ins Zeug. Wie abgemacht, schwammen Ferdi und Bobby in großem Bogen um die Biberburg. Der Eichelhäher begleitete die beiden, damit niemand einem einen Vorteil verschaffen oder ihn hereinlegen konnte.

Bald mußte Ferdi Frosch mit bangen Blicken mit ansehen, wie Bobby Biber unter der Anfeuerung seiner Eltern und Freunde über sich hinauswuchs. „Noch sind wir nicht am Ziel!" prustete Ferdi leicht außer Atem.

„Ich weiß, lieber Ferdi!" antwortete Bobby und benutzte seinen Schwanz, statt nur als Steuer, wie einen Propeller. Mit dieser Methode kann ein Biber bei Gefahr augenblicklich untertauchen. Gegen diese List, die Bobby erst im Frühjahr gelernt hatte, würde Ferdi Frosch es schwerhaben.

Ab jetzt zog Bobby Biber mit Hilfe sei-

ner neuen Technik an Ferdi Frosch vorbei. Ferdi war davon so überrascht, daß er sich verschluckte und sich die restliche Strecke hustend und prustend mit großem Abstand hinter Bobby Biber ins Ziel schleppte. Stolz wartete Bobby schon auf dem Baumstamm sitzend und half seinem Freund Ferdi aus dem Wasser.
„Du warst heute klar der Bessere", gab Ferdi zu.
„Ja, ja", sagte Bobb. „Hochmut kommt vor dem Fall!"
„Ist ja schon gut!" maulte Ferdi. „Ich war heute eben nicht so gut in Form!" Dann reichten sie sich die Hände.

Nun mußte Eichelhäher Karli die Siegerehrung vornehmen. „Älle mäl härhären!" krächzte er. „Där äffäziälle Säger däs häutigen Wättschwämmens äst däsäsmäl nächt Färdi Fräsch, sändern äbärräschendärwäise... BÄBBY BÄBER!"

Obwohl Karlis Eichelhäherspreche etwas seltsam war, hatte ihn jeder klar und deutlich verstanden. Unter großem Applaus wurde Bobby Biber geehrt, und jeder drängte sich zum Händeschütteln. Mutter Biber lud alle Tiere zu einem Umtrunk mit anschließender Siegerfeier. Dazu hatte Vater Biber einen Krug Waldbeerensaft, Fische zum Grillen und Knabbernüsse mitgebracht.

Bobby fiel seinen Eltern um den Hals und gab besonders Mutter einen dicken Kuß auf die weiche Knubbelnase.

„Jawoll, alle sind herzlich eingeladen!" rief Bobby und hüpfte mit Ferdi Frosch voraus zur Sommerwiese. Sogar Petz, der Bär, kam gratulieren, obwohl er Biber nicht sonderlich mochte. Zudem brachte er sogar einen Topf süßen Honig mit. Nach einem Blick auf die anderen Köstlichkeiten leckte er sich sein Maul.

Inzwischen hatte Hoppel, der Hase, ein Feuerchen am Grillplatz entfacht. Jetzt warteten alle darauf, daß der Grillmeister das Zeichen gab, daß die Fische durchgebraten und die Nüsse schön knusprig seien.

Vater Biber spielte lustige Lieder zur Gitarre, und einige tanzten schon. Anschließend drängten ihn alle, ein paar spannende Geschichten aus seinem Leben zu erzählen.

Bobby schnupperte während des Erzählens immer wieder den verlockenden Duft vom Grillplatz. Und endlich rief Hoppel, der Hase: „Wer Hunger hat, soll sich melden!"

Ruck, zuck hatten sich Bobbys Freunde um Hase Hoppel versammelt, und der Partyschmaus konnte beginnen. Plötzlich kreischte ein Eichelhäher durchdringend. Von diesem Wächter der Natur bedeutete das immer Alarm. Doch es war nur Karli, der krächzte: „Läßt mär äuch näch wäs äbrig!"

Auf Bobbys vorwurfsvollen Blick hin setzte er hinzu: „Bäi dän hägrigän Gästen mäßte däs gänz äinfäch säin."

Endlich nahm sich jeder eine Grillspezialität und suchte sich ein Plätzchen. Mutter ging mit dem Krug herum und schenkte jedem ein.

Nach dem Essen hatten Ferdi Frosch und seine Freunde noch eine Überraschung für Bobby Biber. Sie sangen dem Sieger des heutigen Wettschwimmens eine Hymne! Dabei pusteten sie ihre Blasebälge an der Kehle auf und bemühten sich, so schön wie möglich zu singen. Es war eine echte Bereicherung für die Grillparty, Bobby bedankte sich sehr höflich, und alle Tiere applaudierten.

In der Abenddämmerung zündete

Bobbys Vater ein Lagerfeuer an, die Grillen geigten, und eine Amsel sang im alten Holunderbaum. Es war ein herrlicher Sommerabend.

Bald darauf verabschiedeten sich einige Tiere und gingen schlafen. Da Biber jedoch nachts gerne munter sind, saßen sie noch lange mit den Fröschen zusammen. Bobby packte seine Mundharmonika aus und spielte zum Abschluß noch einige Melodien, bevor er mit seinen Eltern nach Hause schwamm.

„Das war ein toller Tag", sagte Bobby, kroch in sein Bett und schlief sofort ein.

Dudu und das Püppchen

Beim Schein des Vollmondes öffnete Dudu mit dem Zauberstab die Tür des Spielwarengeschäftes. Immer bei Vollmond holt Dudu, der Zauberlehrling aus dem Zwergenreich, eines der im Nebenraum abgestellten Spielzeuge. Er erweckt es mit einer Zauberwurzel für 24 Stunden zum Leben, um ihm die Menschen und Tiere des Städtchens zu zeigen. Das hatte sich mittlerweile unter allen den Püppchen und Schmusetieren schon herumgesprochen, und ein jedes hoffte darauf, auch einmal mitgenommen zu werden.

Das Püppchen Lissi wartete schon sehnsüchtig auf ihn, denn diesmal durfte sie mitgehen. Das hatte Dudu ihr versprochen, als er im vorigen Monat das Bärchen Brummel zurückbrachte. Dudu nahm Lissi vom Regal und hielt sie in den Mondschein. Zart strich er mit der Zauberwurzel über die Glieder der Puppe und murmelte sein Zaubersprüchlein. Lissi fühlte, wie ihr kleines Puppenherz zu schlagen begann. Sie schlang ihre Arme um Dudus Hals und sagte: „Ich bin ja so froh, daß du endlich da bist. Vielleicht finde ich heute ein Kind, das mich liebhat. Dann brauche ich nicht mehr länger in dem langweiligen Spielzeugladen zu sitzen."

Lissi winkte den Spielzeuggefährten noch einmal zu, dann trippelte sie zur Tür. „Viel Glück!" rief ihr Kater Purzel nach. Er freute sich mit Lissi, denn wahrscheinlich war er nach ihr als nächster dran.

Auf der Straße sah sich Lissi verwundert um. „Es ist ja kein Mensch zu sehen. Ich habe es mir hier draußen ganz anders vorgestellt", sagte sie enttäuscht.

Dudu tröstete sie: „Warte nur, bis die Sonne aufgeht. Dann kommen die Menschen aus ihren Häusern. Jetzt ist es Nacht, und die meisten Menschen schlafen."

Lissi griff nach Dudus Hand. Langsam gingen sie die Straße entlang.

„Gibt es auch Menschen, die jetzt nicht schlafen?" fragte Lissi.

Dudu nickte. „Ja, es gibt viele Berufe, in denen die Menschen auch nachts arbeiten. Zum Beispiel Polizisten,

Krankenschwestern, Ärzte. Auch beim Rundfunk wird um diese Zeit gearbeitet. Und natürlich ist auch die Feuerwehr jederzeit einsatzbereit. Ich könnte dir noch viele nennen."

Sie wanderten durch die mondhellen Straßen. Plötzlich blieb Lissi stehen. Sie preßte die Hand auf den Bauch. „Ich kann nicht weiter", jammerte sie. „Mein Bauch tut so weh! Was kann das nur sein? Es grummelt und rumort darin!"

„Ach, jetzt habe ich doch wieder vergessen, mir etwas Eßbares einzustecken", ärgerte sich Dudu. „Dann müssen wir zum Bahnhof gehen. Dort besorgen wir dir etwas für den Magen. Das einzige, was dir fehlt, ist nämlich etwas gegen den Hunger!"

Lissi schüttelte den Kopf. „Ich kann nicht mehr gehen." Sie hob schnuppernd ihr Näschen. „Hier riecht es so gut. Gibt es dort in der Bäckerei nichts zu essen?"

Dudu sah zweifelnd zu der geschlossenen Ladentür, doch dann sagte er entschlossen: „Wir werden versuchen in die Backstube zu gelangen." Er öffnete mit dem Zauberstab die Haustür und führte Lissi durch den Hausflur. Im Hof zeigten hellerleuchtete Fenster, daß in der Backstube schon gearbeitet wurde. Und es duftete, daß selbst Dudu Appetit bekam. Er klopfte an die Tür.

Staunend sah Lissi den weißgekleideten Mann an. „Du hast also auch einen Beruf, in dem man nachts arbeiten muß?" fragte sie zutraulich.

Der Bäcker lachte und sagte: „Natürlich muß ich nachts arbeiten, damit so kleine Mädchen wie du morgens ihre frischen, knusprigen Brötchen bekommen."

Lissi sagte bittend: „Ich bin aber jetzt schon hungrig. Hast du denn schon ein paar Brötchen fertig gebacken?" Und wieder lachte der Bäcker. „Na, dann komm mit deinem Freund herein, damit wir gegen deinen Hunger etwas tun können. Ich glaube, etwas können wir schon aus dem Ofen holen!"

Bald darauf saßen Dudu und Lissi in der Backstube an einem Tischchen. Der Meister brachte ihnen ofenfrische Brötchen, dazu stellte er Butter, Erdbeermarmelade und goldgelben Bienenhonig. Während des Essens beobachteten sie, wie der Meister und der Geselle flink die Arbeit verrichteten.

In der Backstube gab es so viel zu sehen, daß Dudu und Lissi sehr lange dortblieben. Als sie sich verabschiedeten, war es schon hell. Auf der Straße jubelte Lissi: „Oh, wie die Straße sich verändert hat! Alles sieht so freundlich und leuchtend aus!"
Dudu nickte. „Ja, das macht die liebe Sonne. Du hast Glück; es wird ein schöner Tag."

Sie verbrachten einen vergnüglichen Vormittag. Dudu zeigte Lissi die bunten Frühlingsblumen im Park, dann besichtigten sie ein Kaufhaus. Lissi staunte, was es da alles zu kaufen gab. Schließlich schlenderten sie durch die Fußgängerzone.

Vor einem Eisgeschäft standen zierliche Tische und Stühle. „Hier würde ich gerne ein Eis essen und mich ein wenig ausruhen", bat Lissi. Dudu wählte einen Platz, wo sie die Straße gut beobachten konnten.

Als Lissi ihr Eis gegessen hatte, fragte Dudu: „Was hältst du davon, wenn wir zum Jahrmarkt fahren? Dort kannst du um diese Zeit viele Kinder sehen. Es gibt Karussells, Schießbuden, Verkaufsstände und vieles andere."

Lissi klatschte erfreut in die Hände und sprang auf. „O ja! Laß uns gleich fahren! Wenn ich schon das Glück habe, daß gerade jetzt der Jahrmarkt stattfindet! Ach, ich freue mich ja so!"

Lissi staunte über die vielen fröhlichen Kinder. Bald saß auch Lissi auf dem Kinderkarussell in einer Feuerwehr und bimmelte so laut sie konnte. Später fuhr sie mit Dudu Riesenrad und jauchzte, wenn sie ganz oben waren: „Schau nur, wie weit wir sehen können!"

Als sie das Riesenrad verlassen hatten, bat Dudu: „Bleib bitte einen Augenblick hier stehen. Ich muß mal dorthin, wohin auch der König zu Fuß gehen muß."

„Wohin ist denn das?" fragte Lissi.

„Zur Toilette, du kleines Dummchen."

Die Stelle, wo Lissi auf Dudu wartete, war etwas abseits von dem lustigen Treiben des Jahrmarkts. Plötzlich stand ein Mann vor Lissi. „Wie heißt du, mein Kind?" fragte der Mann freundlich.

Lissi erschrak; sie hatte ihn nicht gesehen. „Du brauchst keine Angst vor mir zu haben. Ich tu dir doch nichts", beruhigte der Mann sie. „Willst du mir nicht deinen Namen nennen?"

„Ich heiße Lissi."

Der Mann lächelte. „Oh, das ist ein schöner Name. Möchtest du Zuckerwatte, Lissi?"

Lissi hatte noch nie Zuckerwatte gegessen. „Schmeckt Zuckerwatte gut?" fragte sie.

Der Mann griff nach ihrer Hand. Lissi konnte fühlen, wie er sie in eine andere Richtung fortziehen wollte. Dort sollte es Zuckerwatte geben?
„Komm, ich kaufe sie dir, und dann fahren wir beide Achterbahn."
In diesem Augenblick kam Dudu auf sie zu. Lissi winkte ihm. „Hallo, Dudu!" Verstört sah der Fremde zu Dudu. Er ließ Lissis Hand los und ging davon.
Lissi berichtete Dudu, wie der Mann sie angesprochen hatte und daß er ihr etwas kaufen wollte.
Dudu krauste die Stirn. „Das gefällt mir nicht! Wir müssen den Mann beobachten."
„Warum?" wollte Lissi wissen.

„Du ahnst ja nicht, wie gefährlich es auf dem Jahrmarkt und auch anderswo für kleine Mädchen und auch für kleine Buben sein kann", antwortete Dudu ausweichend. „Doch nun komm, wir müssen uns beeilen!" Sie sahen gerade noch, wie der Mann in der Menschenmenge verschwand. Erst nach fünf Minuten entdeckten sie ihn wieder. Er kaufte einem Mädchen, das er Helga nannte, gerade Zuckerwatte. Sie folgten ihm zur Achterbahn und beobachteten, wie er beim Hinuntersausen das ängstliche Mädchen wie schützend in seine Arme nahm. Der Mann wollte noch einmal Achterbahn fahren, doch Helga hatte genug. Sie strebte hinaus. Dudu und Lissi ließen die beiden nicht aus den Augen. Zwei Stunden durfte die kleine Helga Karussell fahren, so viel sie wollte. Dann führte der Mann sie zu seinem Auto.

„Jetzt wird es ernst!" grollte Dudu. „Geh zu dem Polizisten, wie wir es besprochen haben. Aber beeile dich!" Lissi rannte los. Als Helga in den Wagen steigen wollte, rief Dudu: „Halt!"

Erstaunt sah sich das Kind um. „Warum soll ich nicht einsteigen? Der freundliche Mann will mich doch nach Hause fahren."

Wütend hob der Mann seine Faust. „Verschwinde! Sonst erlebst du was!" Er schob Helga grob ins Auto, setzte sich auf den Fahrersitz und startete. Dudu hob seinen Zauberstab und ließ aus allen vier Rädern die Luft entweichen. Jetzt kam Lissi mit dem Polizisten. Als der Fremde den Reifenschaden bemerkte und den Polizeibeamten sah, riß er die Tür auf und rannte davon. Der Polizist bat Dudu und Lissi, ihn zum Elternhaus der kleinen Helga zu begleiten.

Helgas Mutter war entsetzt, als sie von dem Vorfall erfuhr. Als der Polizist das Haus wieder verlassen hatte, sagte die Mutter: „Wie kann ich euch nur danken? Ihr habt mein Kind vor einer großen Dummheit bewahrt. Ich habe Helga stets davor gewarnt, mit fremden Leuten mitzugehen."

Jetzt erzählte Dudu, daß Lissi eigentlich eine Puppe ist und morgen wieder traurig im Regal sitzen wird.

Helgas Mutter rief: „Das wird nicht geschehen! Wenn Helga mir ver-

spricht, jetzt wirklich nicht mehr mit Fremden mitzugehen, werde ich ihr Lissi morgen kaufen."
Helga umarmte ihre Mutter. „Du bist so lieb", flüsterte sie ihr ins Ohr. „Statt einer Strafe bekomme ich ein liebes Püppchen."

Und so geschah es. Bei dem zwölften Glockenschlag der Kirchturmuhr schlief Lissi beruhigt auf dem Regal ein. Beglückt nahm die kleine Helga am nächsten Morgen ihr neues Püppchen in den Arm. „Ich hab dich lieb", flüsterte sie dankbar.

Wuffi und die drei Forellen

Dudu, der Zauberlehrling aus dem Zwergenreich, kommt immer bei Vollmond in das Spielwarengeschäft.

Dann erweckt er eines der nicht gekauften Spielzeuge für 24 Stunden zum Leben, um ihm die Welt draußen zu zeigen. Als Dudu eintrat, bettelte das Plüschkätzchen: „Bitte, nimm mich heute mit!" Dudu schüttelte den Kopf. „Es tut mir leid, aber für heute habe ich es Wuffi versprochen." Er griff nach dem weißen Pudel, hielt ihn in den Mondschein, bestrich ihn mit der Zauberwurzel und murmelte sein magisches Sprüchlein.

„Wau, wau! Ist das toll!" bellte Wuffi erfreut und zappelte vergnügt mit seinen Beinen. Lächelnd setzte Dudu ihn auf den Boden. Wuffi rannte zur Tür. „Komm, laß uns keine Zeit vertrödeln", forderte er. Dudu öffnete ihm die Tür. Kaum stand Wuffi auf der Straße, da sauste er los. Dudu hatte Mühe, ihm zu folgen. Als er Wuffi endlich eingeholt hatte, schimpfte er: „He, tu das nie wieder! Wenn du noch einmal wegläufst, bringe ich dich sofort zurück", drohte er.

„Ich laufe nie wieder weg", bellte Wuffi kleinlaut. Da war ihm Dudu nicht mehr böse. Als sie ein Weilchen

durch die vom Mond erhellten Straßen gelaufen waren, bekam Wuffi Hunger. Dudu hatte diesmal eine dicke Wurst in der Tasche. Die holte er jetzt heraus. Wuffi fraß sie mit gutem Appetit. Doch kaum war er ein wenig weitergelaufen, da ließ er die Zunge aus seinem Maul hängen. „Ich habe schrecklichen Durst", hechelte er.
Dudu führte Wuffi in den Park. An einem klaren Bächlein durfte Wuffi seinen Durst stillen. „Wohin fließt das viele Wasser?" wollte er wissen. „Dort hinten trifft es sich mit zwei anderen Bächlein. Sie bilden ein Flüßchen und fließen gemeinsam in einen See", erklärte Dudu. Ein Hölzchen schwamm vorbei. Wuffi sah ihm interessiert nach. „Was ist ein See?" erkundigte er sich. „Ein See ist eine Ansammlung von Wasser. Bei schönem Wetter baden in diesem See viele Kinder am flachen Uferrand", erklärte Dudu.

„Wau! Ich möchte die planschenden Kinder sehen", bat Wuffi.

„Gut, ich zeige dir den See. Doch vorher wollen wir einkaufen, damit wir genügend zu essen haben", schlug Dudu vor.

Endlich hatten sie alles beisammen und wollten zu dem Flüßchen gehen. Sie kamen an einem Fischgeschäft vorbei. Im Schaufenster stand ein Glasbehälter. Zwischen den sprudelnden Sauerstoffperlen schwammen drei Forellen hin und her.

„Warum sind die Fische darin eingesperrt? Waren sie ungezogen?" Dudu lächelte über Wuffis Wißbegierde. „Nein, diese Forellen wurden in einem Teich gezüchtet. Nun sind sie groß genug, werden verkauft und

144

aufgegessen." Bedauernd sah Wuffi zu den Forellen. „Kannst du sie nicht kaufen und dann freilassen?" bettelte er. „Du kannst mir dafür auch eine Wurst weniger geben."
Dudu nickte und ging in den Laden. Als er wieder herauskam, trug er die drei Forellen in einer mit Wasser gefüllten, durchsichtigen Plastiktüte. Übermütig stieß Wuffi mit der Schnauze dagegen. Die Forellen schlugen erregt mit den Schwänzen. „Laß das!" schimpfte Dudu. „Die Forellen bekommen Angst. Außerdem könnte die Tüte entzwei gehen. Dann müssen die Forellen sterben.

Sie können nur im Wasser leben."
„Oh, das wußte ich nicht", bedauerte Wuffi. Noch immer schlugen die Forellen gegen ihr enges Gefängnis. Dudu preßte die Lippen gegen die Tüte und stieß einige Zischlaute aus. Sofort beruhigten sich die Forellen. Sie ließen sich zu Boden sinken. Nur an ihren Kiemen sah man, daß sie lebten. „Komm, Wuffi. Wir müssen uns beeilen, damit sie bald ihre Freiheit bekommen", forderte Dudu.
Als sie bei dem Flüßchen ankamen, preßte Dudu wieder die Lippen gegen die Tüte und zischte den Forellen zu, daß er sie jetzt freilassen würde. Dann schüttete er sie behutsam mit dem Wasser ins Flüßchen. Gleich darauf steckten die drei ihre Köpfchen aus dem Wasser und sahen zu, wie Dudu einen dicken Ast in ein Boot verwandelte. Aus einem dünneren Ast zauberte er ein Paddel. Dudu und Wuffi ließen sich in ihrem leichten Boot treiben. Die Forellen schwammen immer um sie herum. Und wenn sie dem Boot sehr nahe kamen, sprang Wuffi auf, beugte sich über den Bootsrand, bellte auffordernd und angelte spielerisch mit der Pfote nach ihnen. Endlich trieb das Boot in den See. Jetzt begann Dudu zu paddeln, um selbst die Richtung zu bestimmen. Plötzlich wedelte Wuffi mit dem Schwanz und bellte aufgeregt:

„Dort drüben spielen zwei Hunde. Dort möchte ich hin!"
Geschickt steuerte Dudu das kleine Paddelboot zu dem Strand, wo die beiden Hunde herumtollten. „Sieh nur, die vielen Kinder", bellte Wuffi ausgelassen. „Sie strampeln und planschen, und dort schwimmen sie einem bunten Ball nach." Wuffi jaulte ungeduldig. Er konnte es nicht erwarten, endlich an Land zu kommen.

Endlich stieß das Boot auf Sand. Wuffi sprang sofort aus dem Boot und lief zu den beiden Hunden. Nach einer Viertelstunde kam er mit heraushängender Zunge zu Dudu und legte sich erschöpft zu seinen Füßen. „Herumtoben macht Spaß", japste er. Kaum hatte er sich bequem hingelegt, da sprang er wieder auf und horchte zum Wasser hin. Auch Dudu stand auf. „Was ist da los?" fragte Dudu beunruhigt. Einige Meter vom Ufer entfernt strampelte ein Kind im Wasser und stieß laute Hilferufe aus. Es ging unter und kam wieder hoch. Wieder rief es laut um Hilfe. Erstaunt sah Dudu sich um. Wollte denn niemand dem Kind helfen? Alle lachten nur und riefen: „Du legst uns nicht mehr rein!" Dudu konnte das nicht verstehen. „Warum hilft denn keiner?" jammerte er.

„Ach, das ist doch nur Jörg", winkte ein Mann ab. „Der spielt doch fast jeden Tag den Ertrinkenden und lacht jeden aus, der auf seinen dummen Scherz hereinfällt."

Dudu horchte zum Wasser. „Ein Scherz? Nein, diesmal ist es ernst", murmelte er. Dabei zog er sich schon aus. Unter dem Gelächter der Anwesenden stürzten sich Dudu und Wuffi ins Wasser. Sie schwammen auf die Stelle zu, wo der kleine Junge verschwunden war. Die beiden tauchten immer wieder nach ihm, aber sie konnten ihn nicht entdecken. Dudu zischte einen Hilferuf ins Wasser. Sofort kamen die drei Forellen. Sie schwammen ihnen voraus. Endlich kamen sie zu dem kleinen Jörg. Er lag bewußtlos auf dem Grund des Sees.

Am Strand waren alle entsetzt, als Dudu und Wuffi den leblosen Jungen aus dem Wasser zogen. Zwei Sanitäter eilten herbei und brachten Jörg ins Sanitätszelt. Auch die herbeigerufene Feuerwehr kam. Jörgs Mutter stürzte weinend zu ihrem Jungen. Jörg wurde künstlich beatmet, sein Herz wurde massiert, doch alle Bemühungen blieben vergeblich. Ein Mann versuchte die Mutter zu trösten. Jetzt schlich Dudu mit seiner Zauberwurzel zu Jörg. Er bestrich mit ihr die Stirn und das Herz des Jungen. Dabei murmelte er sein Zaubersprüchlein. Jörg schlug die Augen auf, sah seine Mutter und murmelte: „Mama, liebe Mama!"

Die Feuerwehrmänner waren sprachlos vor Staunen. „Ein Wunder!" rief die Mutter und umarmte ihren Jungen. Nun wurde Jörg rasch ins Feuerwehrauto getragen. Dudu, Wuffi und die Mutter durften auch mit einsteigen.

Im Krankenhaus erzählte Dudu, daß Wuffi ein Spielzeughund ist und morgen wieder traurig im Regal stehen wird. Da bettelte Jörg: „Ach bitte, Mutti, kauf mir Wuffi!" „Für dein dummes Verhalten willst du jetzt auch noch eine Belohnung?" fragte die Mutter ernst.

„Ich werde nie wieder um Hilfe rufen, wenn ich nicht in Gefahr bin", versprach Jörg. Dudu nickte. „Ja, diese dummen Scherze hätten beinahe dein Leben vernichtet." Erst nachts verabschiedeten sich Dudu und Wuffi von ihrem neuen Freund.

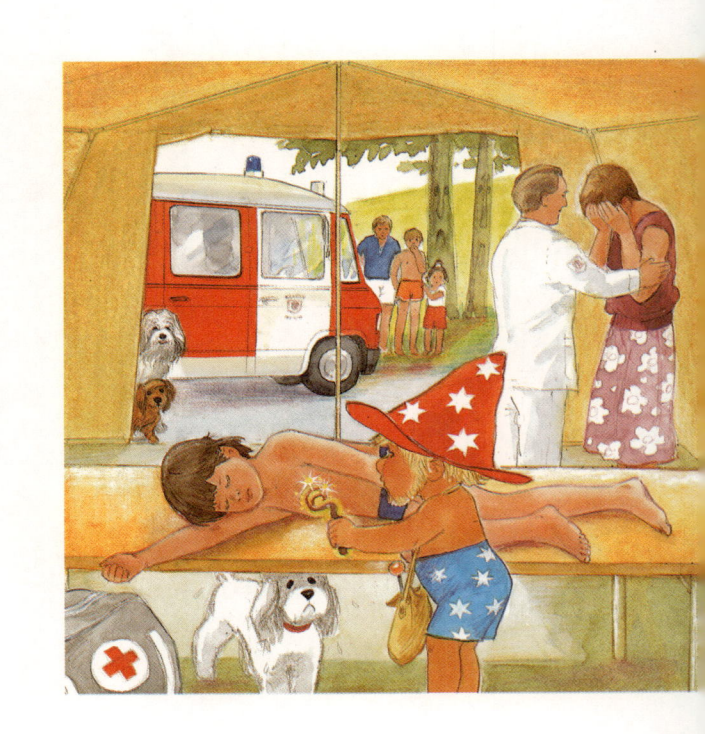

Kurz vor Mitternacht erreichten sie das Spielwarengeschäft.
Beim zwölften Glockenschlag der Kirchturmuhr schlief Wuffi auf dem Regal ein.

Am nächsten Morgen kam Jörgs Mutter in das Geschäft und kaufte Wuffi. Rasch eilte sie mit ihm ins Krankenhaus. Jörgs Augen strahlten. Verlangend streckte er die Arme aus. Dann drückte er Wuffi an sein Herz und flüsterte: „Ich werde dich immer sehr lieb haben."

Die Igelfamilie

Wenn die Sonne untergeht und viele Tiere in Feld und Wald sich allmählich in ihre Höhlen zurückziehen, werden andere erst so richtig munter. Dazu gehören auch die Igel. Auch wenn man eine Wiese oder einen Garten hat, kann man die putzigen Gesellen oft beobachten. Das heißt, wenn man sich ruhig verhält. Sie kommen gern, um in den Gärten Obst zu naschen, Schnecken zu vertilgen und um es sich in Reisighaufen gemütlich zu machen. Hier ist sogar eine ganze Igelfamilie zu sehen. Angeführt von Papa Igel folgt in einigem Abstand die Mama, und danach, wie

Perlen auf einer Schnur, die kleinen, putzigen Igelkinderchen. Unbeirrt tippeln sie in Reih und Glied.
Sie lieben diese Ausflüge, denn wie alle Tierkinder sind sie neugierig auf alles Unbekannte in dieser Welt. Doch unbekannt sind ihnen zunächst auch die Gefahren, die darin drohen. Dieser Fuchs etwa beobachtet schon eine ganze Weile, was da in einiger Entfernung vorbeispaziert kommt. Er macht sich Hoffnungen und schleicht mit zitternder Rute näher – doch der Igelvater hat ihn längst gewittert! Wie auf ein Kommando rollen sich sämtliche Igel zusammen, und der Fuchs schaut enttäuscht auf die spitzen, harten Stacheln nieder. Nein, die Nase will er sich auch nicht zerstechen lassen – er trollt sich wieder. Lieber sucht er sich ein ungefährlicheres Frühstück. Kaum ist die Gefahr gebannt, kaum hat die Igelfamilie es ein Stückchen weiter in den Garten geschafft, kommt ein Dackel angerannt. Er ist lauter, frecher, ungeduldiger als der Fuchs, vielleicht will er sogar nur spielen – jedenfalls würde ihm auch dies schlecht bekommen. Denn schon rollen sich die Igel wieder zu festen Stachelkugeln zusammen. Hartnäckig schubst der Dackel die Kügelchen an, versucht sie herumzurollen. Doch bald muß er einsehen, daß sie kein geeignetes Spielzeug für ihn sind, denn auch er stößt sich nur die Nase wund. Enttäuscht fiepend setzt unser Hund sich ins Gras und sieht den Stachelkugeln noch eine Weile nach, wie sie durchs Gras fortzurollen scheinen. Die Enttäuschung kann man ihm an den Augen ablesen.

Zielstrebig wuselt der Igelvater an einem Gartenzaun entlang. Er ist kein Neuling mehr und kennt sich aus. Nun hebt er das Näschen und prüft den feinen Duft. Woher dringt er, was bedeutet er? Kaum erkennt man den kleinen Kerl im hohen Gras, wie er immer der Nase nach neugierig dem Duft folgt. Die Igelmutter, immer dicht dahinter, führt ihre Kleinen und gibt acht, daß keines verlorengeht. Solange sie so winzig sind, heißt es: Immer zusammenbleiben!

Wo so prächtige Sonnenblumen wachsen, gedeihen bestimmt auch andere schöne Dinge, vor allem eßbare. Papa Igel denkt dabei an reifes Obst, das vom Baum gefallen ist. Es

ist wie ein gedeckter Tisch.
Doch was ist das? Vaters feine Nase hat ihn nicht getrogen. Sie sind in einen wahren Wundergarten geraten! Das ist wirklich Glück, denn hier stehen gefüllte Schälchen mit leckeren Köstlichkeiten und Milch! Die Igel fragen nicht lange, ist das für uns oder für die Katze – sie machen sich darüber her und fressen sich das Bäuchlein voll.

Lange haben sie keine so gute, ausgiebige Mahlzeit gehabt; so viele Kinderchen muß man schließlich erst mal satt kriegen! Nun hätten sie eigentlich eine kleine Ruhepause nach dem Essen verdient, doch leider wird nichts daraus: ein fremder Igel schnauft daher und sieht aus, als ob er etwas dagegen einzuwenden hätte.

Das ist aber allerhand, denkt sich der Alte und kommt wutschnaubend angerannt, als wollte er sagen: „Weg von hier, das ist alleine mein Revier!" Er wendet sich an den Zuständigen, das ist der Igelvater, und der wird nicht schlecht gepufft und geschubst von dem alten Einzelgänger. Nun ja, schließlich haben sie in seinen Schüsseln auch wirklich gründlich aufgeräumt! Die Igelmutter mit den Kleinen nimmt schnell Reißaus, und alle wuseln auf kurzen Beinchen durch das hohe Gras davon.

Hoffentlich wird Papa mit dem schlechtgelaunten Verwandten gut fertig!

Endlich ist die Auseinandersetzung beendet, und jeder geht wieder seiner Wege. Ungestört marschiert die Familie weiter und findet ein hübsches, vor allem ungestörtes Plätzchen zum Ausruhen.

Hier lassen sie sich nieder, die Igelmutter läßt ihre Kinderchen trinken und dabei von der Sonne bescheinen.

Höchst erfreut ist auch Vater Igel, der einen Stein erklommen hat und sich von den sonnigen Strahlen den Stachelpelz wärmen läßt. Den Bauch aber wärmt er wohlig auf dem warmen Stein. Das liebt er, und so ist er rundum zufrieden.

Eine der größten Gefahren für unsere stacheligen Freunde sind wir selbst, oder vielmehr unsere Autos, mit denen wir über die Straßen brausen.

Wollen die Igel eine Straße überqueren, um das nächste Wiesenstück zu erreichen, ist das ein lebensgefährliches Unternehmen. Hier nützt auch das härteste Stachelkleid nichts mehr, wenn so ein lauter, stinkender Blechkoloß angerast kommt. Darum soll der Autofahrer im Wald und an Wiesenrändern mit Bedacht sein Fahrzeug lenken, obacht geben auf das, was außer ihm noch unterwegs

ist. Denn die Igel, wie alle Tiere, sind schützenswert, zumal sie sehr nützlich sind und es in der heutigen Zeit nicht immer leicht haben. Sie verdienen unsere Aufmerksamkeit.
Die Blätter färben sich bunt, fallen nach und nach ab – es naht die kalte Jahreszeit. Da ist so ein Holzstoß oder ein Reisighaufen für die Igelfamilie eine feine Sache. Mit Laub wird darin ein feines Nest eingerichtet und ausgepolstert, da sind sie geschützt und vor Feinden relativ sicher. Haben sich die Igel im Herbst satt und kugelrund gefressen, können sie darin gemütlich überwintern,

und sie werden im Frühjahr mager, aber gesund und munter wieder umherspazieren. Deshalb ist es auch so wichtig, daß auch die kleinsten Jungen sich ein richtiges Bäuchlein anfuttern und genug Gewicht bekommen.

Manche der spät geborenen Igelkinderchen erreichen bis zum Winter nicht genug Gewicht, um überwintern zu können. Sie können einfach nicht schnell und ausreichend genug futtern! Es gibt Igelstationen, wo die kleinsten gefundenen Igelkinder über den Winter aufgenommen werden, damit sie nicht verhungern. Dort kann man sich auch erkundigen, wie so ein Winzling, der sich zum Haus gerettet hat, richtig versorgt wird. Wenn der Mensch ihn hegt und pflegt, kann er den Winter überleben und wird in der Frühlingssonne als stolzer Igel seine Nahrung selbst suchen können.

Dann wird er sich mit einem Partner zusammentun, und bald wird es wieder kleine Igelchen geben, die hinter ihren Eltern hertrippeln und neugierig auf das Leben sind, das vor ihnen liegt.